pull

read

which

신나는 국우수 어린이도서

clean

AROUND
THE
WORLD

see

much

away

ADVENTURE
is coming

가장 쉬운
초등 필수
사이트
워드

하루
한 장의
기적

Samantha Kim,
Anne Kim 지음

search

warm

CUT

should

📖 동양북스

Samantha Kim

뉴욕주립대 TESOL 석사. 학부모와 영어 교사들을 대상으로 교수법을 강의하고 있다. 경험과 이론을 바탕으로 다양한 ELT 교재를 집필하고 있으며, 현재 인천 송도에서 영어학원을 운영하고 있다.

Anne Kim

한양대 교육학, 숙명여자대학교 TESOL 석사. 연령과 시기에 적절한 영어 교수법을 연구하고 있으며 그간의 노하우를 담은 교재 개발과 강의에 힘쓰고 있다.

가장 쉬운
초등 필수 사이트 워드 하루 한 장의 기적

초판 인쇄 2020년 11월 23일 | 초판 발행 2020년 12월 1일

지은이 Samantha Kim · Anne Kim | 발행인 김태웅 | 기획·편집 황준 | 표지 디자인 MOON-C design | 내지 디자인 드문 | 마케팅 총괄 나재승 | 제작 현대순

발행처 (주)동양북스 | 등록 제 2014-000055호 | 주소 서울시 마포구 동교로 22길 14 (04030) | 구입 문의 전화 (02)337-1737 팩스 (02)334-6624 |

내용 문의 전화 (02)337-1763 dybooks2@gmail.com

ISBN 979-11-5768-667-4 63740

왜 우리 아이는 파닉스를 다 뗐는데 책을 잘 못 읽을까요?

파닉스는 규칙입니다. 규칙을 다 안다고 해서 우리가 바로 그 규칙을 적용할 수 있는 것은 아닙니다. 그 규칙을 알고, 연습하고, 적용하고, 익숙해지는 과정이 필요합니다. 모르는 단어를 파닉스 규칙을 적용해서 읽는 과정은 암호를 해독하는 것과 비슷합니다. 하지만 우리 아이가 이렇게 모든 단어를 암호를 해독하듯이 읽는다면 절대 빨리 읽어 내려가기 어려울 것입니다. 그러면 어떻게 해야 하는 것일까요?

한눈에 보고 읽을 수 있는 사이트 워드가 정답입니다.

사이트 워드란 파닉스 규칙을 암호를 해독하듯 읽지 않고 한 눈에 보고 바로 읽을 수 있는 단어를 말합니다. 아이들이 읽는 동화책 같은 것에 자주 나오는 단어를 모아 놓은 것으로 이 단어를 바로 읽으면 아이들의 리딩 유창성(Reading Fluency)에 큰 도움이 됩니다. 리딩 유창성이 좋아져야 읽으면서 문장의 의미를 파악할 수 있어 결국 리딩의 강자가 됩니다.

영어권 국가 아이들도 사이트 워드를 배우고 익힙니다.

가이디드 리딩(Guided Reading) 책의 맨 뒤에 보면 사이트 워드 단어 목록이 나옵니다. 영미권 아이들도 책을 읽고 항상 한 눈으로 보고 익히는 사이트 워드를 배웁니다. 우리 아이들도 이제 파닉스 단어를 넘어 사이트 워드를 함께 익혀 줘야 문장을 유창하게 읽는 단계로 진입하게 됩니다.

왜 하루 한 장, 두 단어씩일까요?

습관은 하루아침에 만들어지는 것이 아닙니다. 그리고 모든 것을 한 번에 다 배우는 것이 능사도 아닙니다. 밥을 충분히 씹어야 체하지 않고 모든 영양분이 몸에 배듯이 단어도 한 번에 많이 배우는 것보다 아이가 충분히 연습하고 자기 것으로 만들 수 있는 하루 두 단어가 적당합니다. 매일 하루 한 장, 두 단어씩 꾸준히 공부한다면 100일이면 200개의 사이트 워드를 떼게 되고, 결국 영어 읽기에 자신감을 가지게 될 것입니다.

리딩을 술술~ 읽게 해주는
미국 초등 과정 필수 등장 단어 200개가 한 권에 쏙!

이 책은 리딩을 시작하기 전에 꼭 알아야 할 사이트 워드를 재미있게 익힐 수 있도록 기획되었습니다. 하루에 두 개씩 다양한 액티비티와 함께 쉽고 재밌는 스토리를 통해 자연스럽게 사이트 워드를 배울 수 있습니다. 어린이 책에서 자주 나오는 사이트 워드는 리딩에 필수적인 스킬입니다.

✦ 하루 2개, 사이트 워드를 배워요 ✦

하루 두 개의 사이트 워드를 제시했습니다. 먼저 원어민 선생님이 녹음한 음성을 잘 듣고, 여러 번 따라서 말해 봅니다. 뜻도 함께 익힙니다.

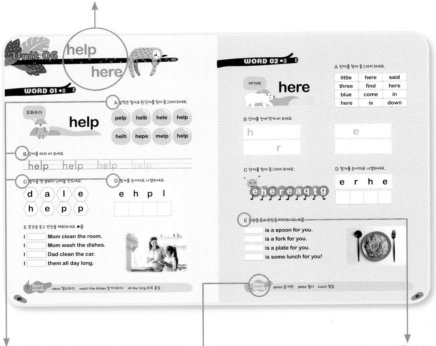

A부터 D까지 다양한 액티비티를 통해 사이트 워드를 재미있게 익힙니다.

사이트 워드가 들어간 짧고 쉬운 문장을 읽으면서 영어 읽기에 자신감을 키울 수 있습니다. 문장들이 주로 패턴으로 되어있어 읽을 때 부담이 없습니다.

이해를 돕기 위해 새로운 단어의 뜻은 Story words에 달아두었습니다.

✦ 리뷰를 통해 배운 내용을 확인해 봅시다! ✦

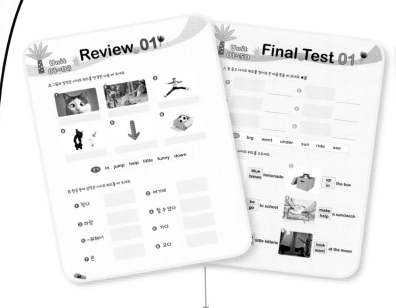

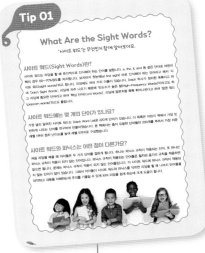

사이트 워드는 여러 번 반복해서 익혀서 완전히 내 것으로 만들어야 합니다. Review와 Final Test를 통해 앞에서 익힌 단어를 확인해 봅시다.

사이트 워드의 의미와 효용성, 사이트 워드를 익히는 데 필요한 구체적인 방법을 제시했습니다.

책속 부록

✦ 사이트 워드 차트
책 속에 수록된 단어를 한눈에 보고 복습할 수 있도록 레벨별로 정리된 사이트 워드를 차트로 제시했습니다.

✦ 보드 게임
사이트 워드를 활용한 보드게임을 해보며 복습합니다. 재밌게 익히는 게 최고의 방법입니다.

✦ 단어 카드
플래시 카드로 게임을 하면서 사이트 워드를 익혀 봅니다.

웹용 부록 (다운로드)

✦ 정답 & 본문 해석
본문과 리뷰, 파이널 테스트 정답과 해석을 확인할 수 있습니다.

✦ 스토리 카드
휴대하기 편한 스토리 카드로 언제 어디서나 사이트 워드를 읽어볼 수 있습니다.

✦ 쓰기 노트
사이트 워드를 쓰면서 익힙니다.

차례

머리말 3
이 책의 구성과 활용법 4
Sight Words Chart 8

PART 1 Level 01
Unit 01	away	big	10
Unit 02	blue	can	12
Unit 03	come	down	14
Unit 04	find	for	16
Unit 05	funny	go	18
Unit 06	help	here	20
Unit 07	in	is	22
Unit 08	jump	little	24
Review 01			26
Unit 09	look	make	28
Unit 10	me	my	30
Unit 11	not	play	32
Unit 12	red	sun	34
Unit 13	said	see	36
Unit 14	three	to	38
Unit 15	up	we	40
Unit 16	where	yellow	42
Review 02			44

TIP 01 What Are the Sight Words? 46

Part 2 Level 02
Unit 17	all	am	48
Unit 18	are	at	50
Unit 19	ate	be	52
Unit 20	black	brown	54
Unit 21	but	came	56
Unit 22	do	eat	58
Unit 23	four	get	60
Unit 24	good	have	62
Unit 25	he	into	64

Unit 26	like	must	66
Unit 27	new	no	68
Unit 28	now	on	70
Unit 29	our	out	72
Review 03			74
Unit 30	please	pretty	76
Unit 31	ran	ride	78
Unit 32	saw	say	80
Unit 33	she	so	82
Unit 34	soon	that	84
Unit 35	there	they	86
Unit 36	this	too	88
Unit 37	under	want	90
Unit 38	was	well	92
Unit 39	went	what	94
Unit 40	white	who	96
Unit 41	will	with	98
Unit 42	yes	after	100
Review 04			102

TIP 02 Why Should Students Learn Sight Words? 104

Part 3 Level 03
Unit 43	again	any	106
Unit 44	ask	by	108
Unit 45	could	every	110
Unit 46	fly	from	112
Unit 47	give	going	114
Unit 48	had	has	116
Unit 49	her	him	118
Unit 50	his	how	120
Unit 51	know	let	122
Review 05			124
Unit 52	live	may	126

Unit 53	of	old	128
Unit 54	once	open	130
Unit 55	over	put	132
Unit 56	round	some	134
Unit 57	stop	take	136
Unit 58	thank	them	138
Unit 59	think	walk	140
Unit 60	were	when	142
Review 06			144
TIP 03 How to Teach Sight Words 01			146

Part 4 Level 04

Unit 61	always	around	148
Unit 62	because	before	150
Unit 63	best	both	152
Unit 64	buy	call	154
Unit 65	cold	don't	156
Unit 66	fast	first	158
Unit 67	five	found	160
Unit 68	gave	green	162
Unit 69	made	many	164
Unit 70	off	or	166
Unit 71	pull	read	168
Review 07			170
Unit 72	right	sing	172
Unit 73	sit	sleep	174
Unit 74	tell	their	176
Unit 75	these	those	178
Unit 76	upon	us	180
Unit 77	use	very	182
Unit 78	wash	which	184
Unit 79	why	wish	186
Unit 80	work	would	188

Unit 81	write	your	190
Review 08			192
TIP 04 How to Teach Sight Words 02			194

Part 5 Level 05

Unit 82	about	better	196
Unit 83	bring	carry	198
Unit 84	clean	cut	200
Unit 85	draw	drink	202
Unit 86	eight	fall	204
Unit 87	far	full	206
Unit 88	grow	hold	208
Unit 89	hot	hurt	210
Unit 90	if	keep	212
Unit 91	kind	laugh	214
Review 09			216
Unit 92	light	long	218
Unit 93	much	myself	220
Unit 94	never	only	222
Unit 95	own	pick	224
Unit 96	seven	show	226
Unit 97	six	small	228
Unit 98	start	ten	230
Unit 99	today	together	232
Unit 100	try	warm	234
Review 10			236
Final Test 01			238
Final Test 02			240
보드게임			242
플래시 카드			244

Sight Words Chart

LEVEL 01

away	big	blue	can	come	down	find	for
funny	go	help	here	in	is	jump	little
look	make	me	my	not	play	red	sun
said	see	three	to	up	we	where	yellow

LEVEL 02

all	am	are	at	ate	be	black	brown
but	came	do	eat	four	get	good	have
he	into	like	must	new	no	now	on
our	out	please	pretty	ran	ride	saw	say
she	so	soon	that	there	they	this	too
under	want	was	well	went	what	white	who
will	with	yes	after				

LEVEL 03

again	any	ask	by	could	every	fly	from
give	going	had	has	her	him	his	how
know	let	live	may	of	old	once	open
over	put	round	some	stop	take	thank	them
think	walk	were	when				

LEVEL 04

always	around	because	before	best	both	buy	call
cold	don't	fast	first	five	found	gave	green
made	many	off	or	pull	read	right	sing
sit	sleep	tell	their	these	those	upon	us
use	very	wash	which	why	wish	work	would
write	your						

LEVEL 05

about	better	bring	carry	clean	cut	draw	drink
eight	fall	far	full	grow	hold	hot	hurt
if	keep	kind	laugh	light	long	much	myself
never	only	own	pick	seven	show	six	small
start	ten	today	together	try	warm		

8

PART 1

LEVEL 01
Sight Words

away	big	blue	can
come	down	find	for
funny	go	help	here
in	is	jump	little
look	make	me	my
not	play	red	sun
said	see	three	to
up	we	where	yellow

Unit 01

away

big

WORD 01 🔊1

떨어져,
다른 데로

away

A 알맞은 철자로 된 단어를 찾아 동그라미 하세요.

away	waay	away	eway
ewey	awiy	awai	aywa

B 단어를 따라 써 보세요.

away　away　away　away

C 철자를 연결해서 단어를 만드세요.

w　a　a　y

a　w　y　w

D 철자를 순서대로 나열하세요.

w	a	y	a

E 문장을 듣고 빈칸을 채워보세요. 🔊1

My dog is barking.

The bird is flying ☐ .

The cat is running ☐ .

They are going ☐ .

Story
Words

bark 짖다　　fly away 날아가 버리다　　run away 도망가다　　go away 가 버리다

WORD 02 🔊 2

큰 **big**

A 단어를 찾아 동그라미 하세요.

come	big	here
me	red	sun
three	where	big
big	blue	find

B 단어를 칸에 맞게 써 보세요.

b	
	g

	i

C 단어를 찾아 동그라미 하세요.

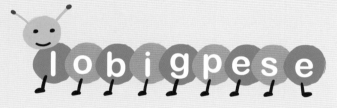

l o b i g p e s e

D 철자를 순서대로 나열하세요.

i	g	b

E 문장을 듣고 빈칸을 채워보세요. 🔊 2

Look at my grandpa's farm.

I see a [ ] carrot!

I see a [ ] pumpkin!

I see a [ ] onion!

Story Words — farm 농장   carrot 당근   pumpkin 호박   onion 양파

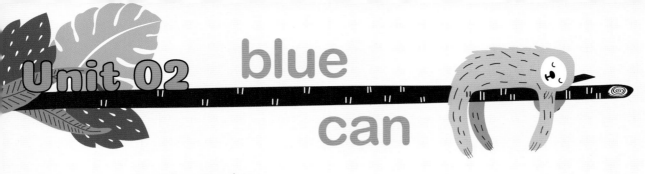

Unit 02

blue
can

WORD 01 🔊 3

파랑

blue

A 알맞은 철자로 된 단어를 찾아 동그라미 하세요.

blue	lube	bige	dlue
clue	bleu	blue	tube

B 단어를 따라 써 보세요.

blue ----- blue ----- blue ----- blue

C 철자를 연결해서 단어를 만드세요.

b　u　l　e
d　l　u　u

D 철자를 순서대로 나열하세요.

u	e	b	l

E 문장을 듣고 빈칸을 채워보세요. 🔊 3

Look! The sky is [　　　].
The sea is [　　　].
I am drinking a [　　　] lemonade.
I like [　　　]!

Story Words 　 sky 하늘　 sea 바다　 drink 마시다

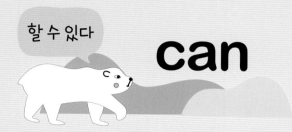

할 수 있다

can

A 단어를 찾아 동그라미 하세요.

do	eat	can
black	here	can
in	can	have
for	go	help

B 단어를 칸에 맞게 써 보세요.

c		
		n

	a	

C 단어를 찾아 동그라미 하세요.

d c e c a n k p o

D 철자를 순서대로 나열하세요.

c	n	a

E 문장을 듣고 빈칸을 채워보세요. ◀》4

I [   ] climb up the tree.

I [   ] jump high.

I [   ] run fast.

What [   ] you do?

Story Words   climb up ~에 올라가다   run fast 빨리 뛰다

Unit 03 come down

오다

come

A 알맞은 철자로 된 단어를 찾아 동그라미 하세요.

come kome coem bomb

came cama come cone

B 단어를 따라 써 보세요.

come come come come

C 철자를 연결해서 단어를 만드세요.

k o e m

c a m e

D 철자를 순서대로 나열하세요.

e	o	m	c

E 문장을 듣고 빈칸을 채워보세요. 🔊 5

Will you ☐ to the park?

Will you ☐ to the shop?

Will you ☐ to my house?

☐ on!

Story Words   park 공원   shop 상점   house 집

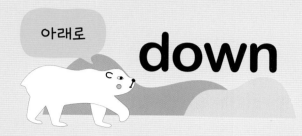

아래로 **down**

A 단어를 찾아 동그라미 하세요.

is	look	not
down	see	up
down	where	in
jump	little	down

B 단어를 칸에 맞게 써 보세요.

d		
		n

	o	

C 단어를 찾아 동그라미 하세요.

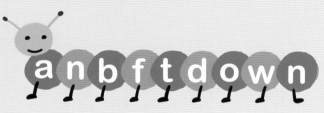

a n b f t d o w n

D 철자를 순서대로 나열하세요.

w	n	o	d

E 문장을 듣고 빈칸을 채워보세요. 🔊 6

Go [   ] the hill.

Go [   ] the stairs.

Climb [   ] the ladder.

Sit [   ] on the chair.

Story Words   hill 언덕   stairs 계단   ladder 사다리   chair 의자

Unit 04

find for

WORD 01 🔊 7

찾다

find

A 알맞은 철자로 된 단어를 찾아 동그라미 하세요.

found pina pane find

fand find pind bind

B 단어를 따라 써 보세요.

find   find   find   find

C 철자를 연결해서 단어를 만드세요.

f e n d

p i m b

D 철자를 순서대로 나열하세요.

d f n i

E 문장을 듣고 빈칸을 채워보세요. 🔊 7

Can you ☐ the eggs?
Can you ☐ the bees?
Can you ☐ the butterflies?
Can you ☐ me?

~위하여

for

A 단어를 찾아 동그라미 하세요.

go	for	up
we	away	in
sun	for	away
big	blue	for

B 단어를 칸에 맞게 써 보세요.

f		
		r

	o	

C 단어를 찾아 동그라미 하세요.

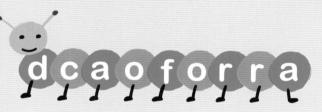

d c a o f o r r a

D 철자를 순서대로 나열하세요.

r	f	o

E 문장을 듣고 빈칸을 채워보세요. 🔊8

A bone ⬜ a dog!

A nut ⬜ a squirrel!

A flower ⬜ a bee!

A friend ⬜ me!

Story Words   bone 뼈다귀   nut 견과류   squirrel 다람쥐

Unit 05

 funny
go

WORD 01 ◀)) 9

재미있는

funny

A 알맞은 철자로 된 단어를 찾아 동그라미 하세요.

puny   panny   **funny**   fune

funny   fanne   funa   funni

B 단어를 따라 써 보세요.

funny   funny   funny   funny

C 철자를 연결해서 단어를 만드세요.

p u m a y
f a n n e

D 철자를 순서대로 나열하세요.

u	n	n	y	f

E 문장을 듣고 빈칸을 채워보세요. ◀)) 9

What a [ ] monkey!
What a [ ] bear!
What a [ ] friend!
What a [ ] dad!

 Story Words   bear 곰   friend 친구

가다
go

A 단어를 찾아 동그라미 하세요.

red	play	go
make	go	me
here	jump	funny
here	find	go

B 단어를 칸에 맞게 써 보세요.

g	

	o

C 단어를 찾아 동그라미 하세요.

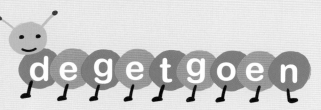

d e g e t g o e n

D 철자를 순서대로 나열하세요.

o	g

E 문장을 듣고 빈칸을 채워보세요. 🔊 10

I ☐ to school by bike.

I ☐ to the library by bike.

I ☐ home by bike.

I ☐ everywhere by bike.

Story Words   by bike 자전거로   library 도서관   everywhere 어디나

help

here

WORD 01 🔊 11

도와주다

help

A 알맞은 철자로 된 단어를 찾아 동그라미 하세요.

| pelp | helb | hele | help |

| helh | hepe | melp | help |

B 단어를 따라 써 보세요.

help   help   help   help

C 철자를 연결해서 단어를 만드세요.

d a l e

h e p p

D 철자를 순서대로 나열하세요.

e	h	p	l

E 문장을 듣고 빈칸을 채워보세요. 🔊 11

I ⬚ Mom clean the room.

I ⬚ Mom wash the dishes.

I ⬚ Dad clean the car.

I ⬚ them all day long.

여기에 **here**

A 단어를 찾아 동그라미 하세요.

little	here	said
three	find	here
blue	come	in
here	is	down

B 단어를 칸에 맞게 써 보세요.

h		
	r	

	e	

C 단어를 찾아 동그라미 하세요.

e h e r e a q t g

D 철자를 순서대로 나열하세요.

e	r	h	e

E 문장을 듣고 빈칸을 채워보세요. 12

[ ] is a spoon for you.

[ ] is a fork for you.

[ ] is a plate for you.

[ ] is some lunch for you!

Unit 07

in
is

WORD 01 🔊 13

~안에

in

A 알맞은 철자로 된 단어를 찾아 동그라미 하세요.

im   on   in   it

in   un   an   ip

B 단어를 따라 써 보세요.

in   in   in   in

C 철자를 연결해서 단어를 만드세요.

c   i   m
b   a   n

D 철자를 순서대로 나열하세요.

n   i

E 문장을 듣고 빈칸을 채워보세요. 🔊 13

The cat is ☐ the box.
The fish is ☐ the fishbowl.
The bird is ☐ the cage.
Oh, the hamster is ☐ my bag!

 Story Words   fishbowl 어항   cage 새장   hamster 햄스터

있다/이다 **is**

A 단어를 찾아 동그라미 하세요.

my	me	in
is	to	is
we	yellow	for
can	is	come

B 단어를 칸에 맞게 써 보세요.

i	

	s

C 단어를 찾아 동그라미 하세요.

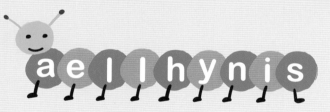

a e l l h y n i s

D 철자를 순서대로 나열하세요.

i	s

E 문장을 듣고 빈칸을 채워보세요. ◀))14

Here ☐ my family.

This ☐ my dad.

This ☐ my mom.

This ☐ my brother.

I love them very much.

Story Words   family 가족   very much 매우

Unit 08
jump
little

WORD 01 🔊 15

뛰다 /점프하다

jump

A 알맞은 철자로 된 단어를 찾아 동그라미 하세요.

gump gumb pump jump

junp jump cump jemp

B 단어를 따라 써 보세요.

jump   jump   jump   jump

C 철자를 연결해서 단어를 만드세요.

p u k p

j e m e

D 철자를 순서대로 나열하세요.

m p u j

E 문장을 듣고 빈칸을 채워보세요. 🔊 15

I can ☐ on a boat.

I can ☐ with a kangaroo.

I can ☐ in the rain.

Jumping is so exciting!

Story Words boat 배   kangaroo 캥거루   exciting 흥미있는

적은/작은

little

A 단어를 찾아 동그라미 하세요.

little	not	red
to	big	can
little	funny	little
big	away	here

B 단어를 칸에 맞게 써 보세요.

l		
	t	

	i		

C 단어를 찾아 동그라미 하세요.

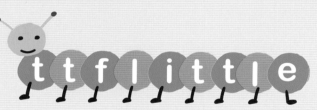

t t f l i t t l e

D 철자를 순서대로 나열하세요.

t	t	l	e	l	i

E 문장을 듣고 빈칸을 채워보세요. ◀))16

Mary had a [   ] farm.
She had a [   ] lamb.
She had a [   ] pig.
She had a [   ] duck.

Story Words   had 가졌다(have의 과거형)   lamb 양   duck 오리

A 그림과 알맞은 사이트 워드를 연결한 다음 써 보세요.

①

②

③

④

⑤

⑥

보기 in jump help little funny down

B 한글 뜻에 알맞은 사이트 워드를 써 보세요.

❶ 찾다

❷ 여기에

❸ 파랑

❹ 할 수 있다

❺ ~위해서

❻ 가다

❼ 큰

❽ 오다

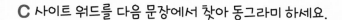

C 사이트 워드를 다음 문장에서 찾아 동그라미 하세요.

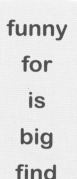

funny

for

is

big

find

come

❶ I see a big carrot.

❷ Will you come to the park?

❸ Can you find the eggs?

❹ What a funny friend!

❺ A bone for a dog!

❻ Here is my family.

D 보기에서 알맞은 사이트 워드를 찾아 문장을 완성하세요.

보기   big   jump   away   blue   go   help

❶ I am drinking a _____ lemonade.
나는 파란 레몬에이드를 마시고 있어요.

❷ The bird is flying _____.
새가 날아가고 있어요.

❸ I see a _____ pumpkin.
나는 큰 호박을 봐요.

❹ I _____ Dad clean the car.
나는 아빠가 세차하는 것을 도와요.

❺ I can _____ on a boat.
나는 보트 위로 점프할 수 있어요.

❻ I _____ to school by bike.
나는 학교에 자전거로 가요.

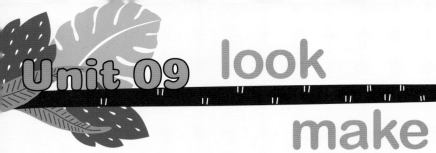
look

make

WORD 01 🔊 17

보다

look

A 알맞은 철자로 된 단어를 찾아 동그라미 하세요.

kook   mook   look   leek

loak   nook   lack   look

B 단어를 따라 써 보세요.

look   look   look   look

C 철자를 연결해서 단어를 만드세요.

l   e   o   m

p   o   z   k

D 철자를 순서대로 나열하세요.

l   o   k   o

E 문장을 듣고 빈칸을 채워보세요. 🔊 17

[   ] at the night sky!

[   ] at the moon.

[   ] at the stars.

[   ] near. Look far.

What do you see at night?

Story Words   night sky 밤하늘   moon 달   near 가까운   far 멀리

만들다 **make**

A 단어를 찾아 동그라미 하세요.

is	look	make
not	see	up
come	find	make
jump	make	play

B 단어를 칸에 맞게 써 보세요.

m		
	k	

	a	

C 단어를 찾아 동그라미 하세요.

k o o k e m a k e

D 철자를 순서대로 나열하세요.

a	m	e	k

E 문장을 듣고 빈칸을 채워보세요. ◀))) 18

Would you [　　　] a sandwich?
Would you [　　　] it with cheese?
Would you [　　　] it with ham?
I can't wait!

Story Words　　sandwich 샌드위치　cheese 치즈　ham 햄　wait 기다리다

Unit 10

me

my

WORD 01 ◀))) 19

나를

me

A 알맞은 철자로 된 단어를 찾아 동그라미 하세요.

ne na me ma

mi me pa am

B 단어를 따라 써 보세요.

me   me   me   me

C 철자를 연결해서 단어를 만드세요.

n e a

m i m

D 철자를 순서대로 나열하세요.

e m

E 문장을 듣고 빈칸을 채워보세요. ◀))) 19

Let ____ help you.

Let ____ take you.

Let ____ cook for you.

Let ____ say I love you!

Story Words   take 데려가다   cook 요리하다   say 말하다

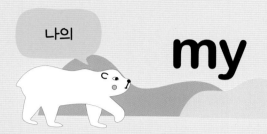

나의 **my**

A 단어를 찾아 동그라미 하세요.

my	me	to
up	in	my
see	where	my
sun	three	up

B 단어를 칸에 맞게 써 보세요.

C 단어를 찾아 동그라미 하세요.

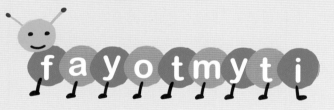

f a y o t m y t i

D 철자를 순서대로 나열하세요.

y	m

E 문장을 듣고 빈칸을 채워보세요. ◀》) 20

This is ⬚ favorite toy.

These are ⬚ favorite shoes.

This is ⬚ favorite dress.

These are ⬚ favorite things.

~Story~ ~Words~ favorite 가장 좋아하는   toy 장난감   shoes 신발

Unit 11

WORD 01 🔊 21

~ 아니다

not

A 알맞은 철자로 된 단어를 찾아 동그라미 하세요.

non   nat   mot   not

jot   not   net   nop

B 단어를 따라 써 보세요.

not   not   not   not

C 철자를 연결해서 단어를 만드세요.

n   y   t   e

m   o   p   t

D 철자를 순서대로 나열하세요.

o	t	n

E 문장을 듣고 빈칸을 채워보세요. 🔊 21

I am ⬜ tall, but ⬜ small.
I am ⬜ fat, but ⬜ thin.
I am ⬜ pretty, but ⬜ ugly.
Who am I? Not me!

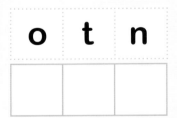

 Story Words   tall 키가 큰   fat 뚱뚱한   thin 마른   ugly 못생긴

WORD 02 ◀))) 22

놀다 **play**

A 단어를 찾아 동그라미 하세요.

for	find	play
away	red	sun
said	play	look
play	me	see

B 단어를 칸에 맞게 써 보세요.

p		
	a	

	l	

C 단어를 찾아 동그라미 하세요.

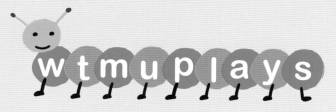

w t m u p l a y s

D 철자를 순서대로 나열하세요.

a	p	l	y

E 문장을 듣고 빈칸을 채워보세요. ◀))) 22

We ☐ in the mud.
We ☐ on the grass.
We ☐ in the water.
It is so much fun.

Story Words   mud 진흙   grass 잔디   water 물

 red

sun

WORD 01 🔊 23

빨강

red

A 알맞은 철자로 된 단어를 찾아 동그라미 하세요.

ped   red   med   ned

rad   red   rid   nid

B 단어를 따라 써 보세요.

red   red   red   red

C 철자를 연결해서 단어를 만드세요.

r   e   n   h

a   d   d   l

D 철자를 순서대로 나열하세요.

d	e	r

E 문장을 듣고 빈칸을 채워보세요. 🔊 23

Tell me what is [   ].

Roses are [   ].

Fire trucks are [   ].

My lips are [   ].

 Story Words   tell 말하다   rose 장미   fire truck 소방차   lips 입술

WORD 02 ◀))24

태양

sun

A 단어를 찾아 동그라미 하세요.

see	three	sun
said	jump	help
here	for	sun
sun	look	make

B 단어를 칸에 맞게 써 보세요.

s		
		n

	u	

C 단어를 찾아 동그라미 하세요.

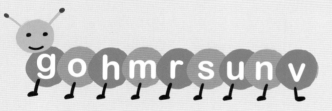

g o h m r s u n v

D 철자를 순서대로 나열하세요.

u	n	s

E 문장을 듣고 빈칸을 채워보세요. ◀))24

Oh, Mr. [　　　], Mr. golden sun.

The [　　　] rises over the mountain.

The [　　　] shines down on me.

Oh, Mr. Sun, Mr. golden [　　　].

Story Words　golden 황금의　rise 떠오르다　mountain 산　shine 비추다

Unit 13

said

see

WORD 01 🔊 25

말했다

said

A 알맞은 철자로 된 단어를 찾아 동그라미 하세요.

| paid | said | maid | meid |
| waid | suid | kaid | said |

B 단어를 따라 써 보세요.

said   said   said   said

C 철자를 연결해서 단어를 만드세요.

c a n d
s e i k

D 철자를 순서대로 나열하세요.

d s a i

E 문장을 듣고 빈칸을 채워보세요. 🔊 25

"I can sing," the bird ⬚.

"I can climb," the monkey ⬚.

"I can hop," the kangaroo ⬚.

What can you do? Show me!

Story Words   sing 노래 부르다   hop 뛰어오르다   show 보여주다

WORD 02 ◀))26

보다

see

A 단어를 찾아 동그라미 하세요.

look	little	see
said	here	for
go	red	see
play	see	three

B 단어를 칸에 맞게 써 보세요.

s		
		e

	e	

C 단어를 찾아 동그라미 하세요.

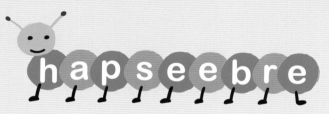

h a p s e e b r e

D 철자를 순서대로 나열하세요.

e	e	s

E 문장을 듣고 빈칸을 채워보세요. ◀))26

What do you [   ]?

I [   ] a white polar bear.

I [   ] a black penguin.

They [   ] me, too.

Story Words   polar bear 북극곰   penguin 펭귄

Unit 14

three

to

WORD 01 🔊 27

셋

three

A 알맞은 철자로 된 단어를 찾아 동그라미 하세요.

three tree threa htree

thrye treat three thria

B 단어를 따라 써 보세요.

three three three three

C 철자를 연결해서 단어를 만드세요.

t r r l a

j h e e e

D 철자를 순서대로 나열하세요.

h	t	r	e	e

E 문장을 듣고 빈칸을 채워보세요. 🔊 27

How many animals?

There are ☐ little kittens.

There are ☐ baby lions.

There are ☐ cute meerkats.

~(장소)에

to

A 단어를 찾아 동그라미 하세요.

up	we	to
in	is	where
yellow	to	make
to	sun	me

B 단어를 칸에 맞게 써 보세요.

t	

	o

C 단어를 찾아 동그라미 하세요.

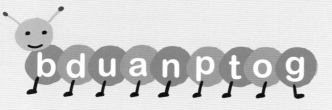

b d u a n p t o g

D 철자를 순서대로 나열하세요.

o	t

E 문장을 듣고 빈칸을 채워보세요. 🔊 28

Where are you going?

[   ] market,

to buy an apple pie.

[   ] market, to buy a fat pig.

[   ] market, to buy some nuts.

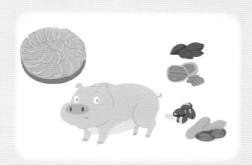

Story Words   to market 시장에   buy 사다   some 약간의   nut 견과류

Unit 15

up
we

WORD 01 🔊 29

~위로

up

A 알맞은 철자로 된 단어를 찾아 동그라미 하세요.

up　ub　or　ue

ap　up　uk　op

B 단어를 따라 써 보세요.

up　　up　　up　　up

C 철자를 연결해서 단어를 만드세요.

a　u　w

r　o　p

D 철자를 순서대로 나열하세요.

p	u

E 문장을 듣고 빈칸을 채워보세요. 🔊 29

Wake [　　　]! Rise up! Up! Up!

Go [　　　] the hills!

The kite goes [　　　] and up!

Up! Up! [　　　]!

Story Words　　wake up 일어나다　　rise up 위로 떠오르다　　kite 연　　go up 올라가다

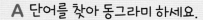

우리는

we

A 단어를 찾아 동그라미 하세요.

big	can	come
we	my	me
red	we	said
see	three	we

B 단어를 칸에 맞게 써 보세요.

w

e

C 단어를 찾아 동그라미 하세요.

r d o e s w e r a

D 철자를 순서대로 나열하세요.

w e

E 문장을 듣고 빈칸을 채워보세요. 30

	see colorful leaves in fall.
	see yellow ones.
	see red ones.
	see orange ones.

Story Words   colorful 색색의   fall 가을   orange 오렌지색

WORD 01 🔊 31

A 알맞은 철자로 된 단어를 찾아 동그라미 하세요.

어디에

where

| what | where | whree | whera |

| where | heare | white | yhree |

B 단어를 따라 써 보세요.

where   where   where

C 철자를 연결해서 단어를 만드세요.

w h r r a

m y e o e

D 철자를 순서대로 나열하세요.

| h | w | e | r | e |
| | | | | |

E 문장을 듣고 빈칸을 채워보세요. 🔊 31

Mommy finger, [　　] are you?
Daddy finger, [　　] are you?
Sister finger, [　　] are you?
Here I am. Here I am.

Story Words   finger 손가락   sister 여동생, 누나   Here I am. 여기 있어요.

노랑 **yellow**

A 단어를 찾아 동그라미 하세요.

make	down	yellow
funny	can	yellow
big	yellow	away
to	up	where

B 단어를 칸에 맞게 써 보세요.

y				
	l			

	e			

C 단어를 찾아 동그라미 하세요.

y o y e l l o w r

D 철자를 순서대로 나열하세요.

l	l	y	w	e	o

E 문장을 듣고 빈칸을 채워보세요. ◀)) 32

| | is a chick.
|---|
| | is an ear of corn.
| | is a banana.
| | is my favorite color.

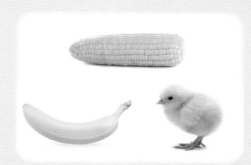

Story Words chick 병아리   corn 옥수수   color 색깔

A 그림과 알맞은 사이트 워드를 연결한 다음 써 보세요.

❶

❷

❸

❹

❺

❻

보기   play   up   red   look   three   sun

B 한글 뜻에 알맞은 사이트 워드를 써 보세요.

❶ 만들다

❷ 나를

❸ 우리는

❹ 나의

❺ 어디에

❻ ~아니다

❼ 놀다

❽ 말했다

C 사이트 워드를 다음 문장에서 찾아 동그라미 하세요.

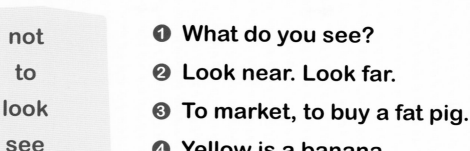

not
to
look
see
yellow
me

❶ What do you see?

❷ Look near. Look far.

❸ To market, to buy a fat pig.

❹ Yellow is a banana.

❺ I am not tall, but not small.

❻ Let me take you.

D 보기에서 알맞은 사이트 워드를 찾아 문장을 완성하세요.

보기   make   three   play   up   said   sun

❶ Would you _____ a sandwich?
샌드위치를 만들어 주시겠어요?

❷ We _____ in the mud.
우리는 진흙에서 놀아요.

❸ The _____ rises over the mountain.
태양이 산 위로 떠요.

❹ "I can climb," the monkey _____.
"나는 올라갈 수 있어요," 원숭이가 말했어요.

❺ There are _____ baby lions.
세 마리의 아기 사자가 있어요.

❻ Go _____ the hills.
언덕 위로 올라가라.

What Are the Sight Words?

'사이트 워드'가 무엇인지 함께 알아보아요.

사이트 워드(Sight Words)란?

사이트 워드는 리딩을 할 때 즉각적으로 인식해야 하는 단어를 말합니다. a, the, it, and 등 같은 단어로 어린이 책의 경우 60~70%정도를 차지합니다. 보자마자 첫눈에(at first sight) 바로 인식해야 하는 단어라고 해서 '사이트 워드(sight words)'라고 합니다. 이외에도 여러 가지 이름이 있습니다. Dolch 박사가 정리한 목록은 'Dolch Sight Words'라고도 하며, 리딩에 자주 나오기 때문에 '빈도수가 높은 말(High-Frequency Words)'이라고도 하고 리딩에 중요한 단어라고 하여 '핵심 단어(Core Words)', 리딩에 팝콘처럼 툭툭 튀어나온다고 하여 '팝콘 워드(popcorn words)'라고도 불립니다.

사이트 워드에는 몇 개의 단어가 있나요?

가장 널리 알려진 사이트 워드는 Dolch Word List로 220개 단어가 있습니다. 이 목록은 어린이 책에서 가장 빈번하게 나오는 단어를 연구하여 만들어졌습니다. 본 책에서는 좀더 유용한 단어들만 200개를 추려서 가장 쉬운 레벨 1부터 점차 난이도를 높여 레벨 5까지로 구성했습니다.

사이트 워드와 파닉스는 어떤 점이 다른가요?

처음 리딩을 배울 때 아이들은 두 가지 단어를 접하게 됩니다. 하나는 파닉스 규칙이 적용되는 단어, 또 하나는 파닉스 규칙이 적용이 되지 않는 단어입니다. 파닉스 규칙이 적용되는 단어들은 철자와 음가의 규칙을 적용하면 읽으면 됩니다. 문제는 파닉스 규칙이 적용이 되지 않는 단어들입니다. 이 사이트 워드에 파닉스 규칙이 적용되지 않는 단어가 많이 있습니다. 그래서 아이들이 사이트 워드와 파닉스를 함께 익히면 리딩을 할 때 내용을 이해하는데 주의를 기울일 수 있게 되어 리딩을 쉽게 하는데 크게 도움이 됩니다.

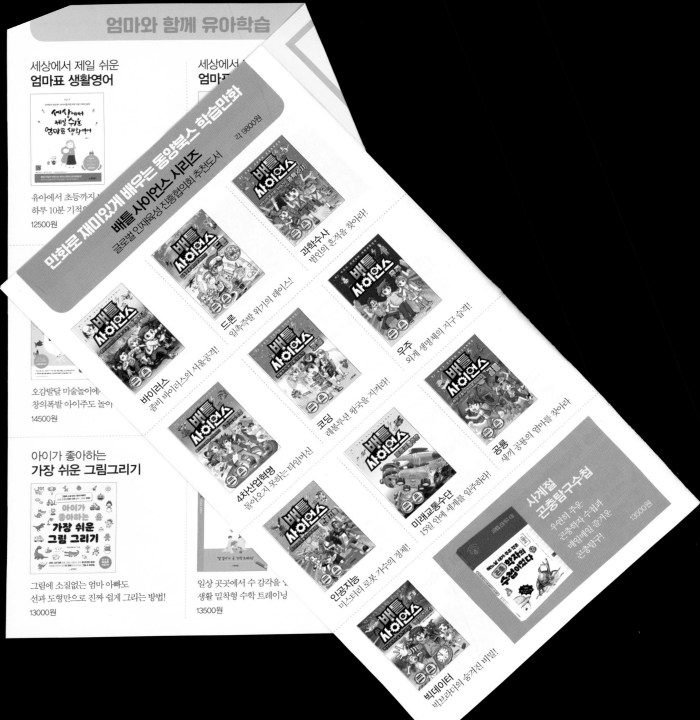

세상에서 제일 쉬운
엄마표 생활영어

유아에서 초등까지
하루 10분 기적의
12500원

오감발달 미술놀이에
창의폭발 아이주도 놀이
14500원

아이가 좋아하는
가장 쉬운 그림그리기

그림에 소질없는 엄마 아빠도
선과 도형만으로 진짜 쉽게 그리는 방법!
13000원

세상에서
엄마표

일상 곳곳에서 수 감각을
생활 밀착형 수학 트레이닝
13500원

만화로 재미있게 배우는 동양북스 학습만화
배틀 사이언스 시리즈
글로벌 인재육성 진흥협의회 추천도서

각 9800원

과학수사
범인의 흔적을 찾아라!

드론
아슬아슬 위기의 레이스!

우주
외계 생명체의 지구 습격!

바이러스
좀비 바이러스의 서울공격!

코딩
레블루션 왕국을 지켜라!

공룡
세기 공룡의 엄마를 찾아라

4차산업혁명
돌아오지 못하는 타임머신

미래교통수단
15일 안에 세계를 일주하라라.

인공지능
미스터리 로봇 가수의 정체!

빅데이터
빅브라더의 숨겨진 비밀!

사계절 곤충탐구수첩
우연히 주운
곤충학자 수첩과
매일매일 즐거운
곤충탐구!

13500원

PART 2

LEVEL 02
Sight Words

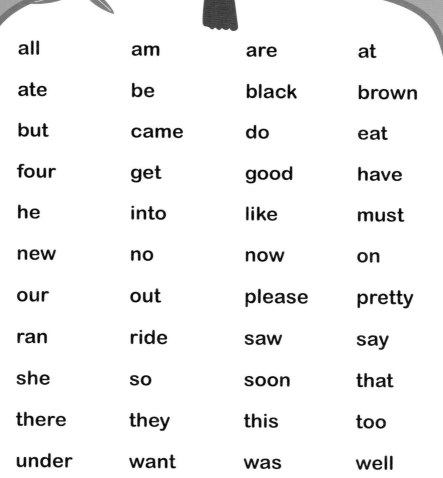

all	am	are	at
ate	be	black	brown
but	came	do	eat
four	get	good	have
he	into	like	must
new	no	now	on
our	out	please	pretty
ran	ride	saw	say
she	so	soon	that
there	they	this	too
under	want	was	well
went	what	white	who
will	with	yes	after

Unit 17

all
am

모든

all

A 알맞은 철자로 된 단어를 찾아 동그라미 하세요.

| ell | eil | ali | all |

| all | oll | ell | ill |

B 단어를 따라 써 보세요.

all   all   all   all

C 철자를 연결해서 단어를 만드세요.

e h l s

g a h l

D 철자를 순서대로 나열하세요.

l l a

E 문장을 듣고 빈칸을 채워보세요. 🔊 33

There is a magic shop.

They sell ☐ kinds of wands.

They sell ☐ kinds of capes.

They sell ☐ kinds of broomsticks.

Let's go into the shop!

Story Words   sell 팔다   kinds of 종류의   wand 지팡이   cape 망토   broomstick 긴 빗자루

~이다

am

A 단어를 찾아 동그라미 하세요.

am	eat	ate
he	do	am
eat	so	get
so	all	am

B 단어를 칸에 맞게 써 보세요.

a

m

C 단어를 찾아 동그라미 하세요.

h g a c o n z a m

D 철자를 순서대로 나열하세요.

m a

E 문장을 듣고 빈칸을 채워보세요. ◀))34

Today is my birthday.

I ___ **8 years old.**

I ___ **happy to have a party.**

I ___ **super excited!**

Story Words   have a party 파티를 하다

Unit 18

 are

 at

WORD 01 🔊 35

~이다

are

A 알맞은 철자로 된 단어를 찾아 동그라미 하세요.

are	ake	ore	oli
ere	ure	are	agi

B 단어를 따라 써 보세요.

are   are   are   are

C 철자를 연결해서 단어를 만드세요.

b a r z

u b f e

D 철자를 순서대로 나열하세요.

e	r	a

E 문장을 듣고 빈칸을 채워보세요. 🔊 35

You [   ] very smart.

You [   ] so funny.

You [   ] really friendly.

You [   ] my best friend.

 Story Words   smart 똑똑한   friendly 다정한   best friend 가장 친한 친구

~(몇 시)에

at

A 단어를 찾아 동그라미 하세요.

at	and	black
all	at	our
at	on	our
so	all	am

B 단어를 칸에 맞게 써 보세요.

a

t

C 단어를 찾아 동그라미 하세요.

g a c o n z a t d

D 철자를 순서대로 나열하세요.

a   t

E 문장을 듣고 빈칸을 채워보세요. 🔊 36

I get up ☐ seven.

I eat breakfast ☐ eight.

I go to school ☐ nine.

My day is so busy.

Story Words   get up 일어나다   breakfast 아침   go to school 학교에 가다

Unit 19

 ate

 be

WORD 01 🔊 37

먹었다

ate

A 알맞은 철자로 된 단어를 찾아 동그라미 하세요.

ale ate ahe ete

ape ite ate eta

B 단어를 따라 써 보세요.

ate   ate   ate   ate

C 철자를 연결해서 단어를 만드세요.

e k d e

u a t l

D 철자를 순서대로 나열하세요.

t	a	e

E 문장을 듣고 빈칸을 채워보세요. 🔊 37

My family went to a restaurant.

My dad ⬜ a steak.

My mom ⬜ spaghetti.

I ⬜ a cheeseburger.

We all ⬜ ice cream for dessert.

Story Words   went 갔다(go의 과거형)   restaurant 식당   spaghetti 스파게티   dessert 후식

~이다

be

A 단어를 찾아 동그라미 하세요.

be	he	no
now	she	yes
so	be	now
be	on	yes

B 단어를 칸에 맞게 써 보세요.

b	

	e

C 단어를 찾아 동그라미 하세요.

p g b e a m w i l

D 철자를 순서대로 나열하세요.

e	b

E 문장을 듣고 빈칸을 채워보세요. 🔊 38

What do you want to ☐ ?

I want to ☐ a singer.

I want to ☐ an actor.

I want to ☐ a dancer.

I change my mind every day.

Story Words

want to be ~가 되고 싶다   actor 배우   change one's mind 마음이 변하다

Unit 20

black brown

WORD 01 🔊 39

검은색

black

A 알맞은 철자로 된 단어를 찾아 동그라미 하세요.

| bleck | dlack | plock | black |

| clack | black | gleck | bdock |

B 단어를 따라 써 보세요.

black   black   black   black

C 철자를 연결해서 단어를 만드세요.

d l a c l

b j o r k

D 철자를 순서대로 나열하세요.

k	a	c	l	b

E 문장을 듣고 빈칸을 채워보세요. 🔊 39

I have [   ] ears.

I have a [   ] tail.

You cannot find me at night.

Do you know what I am?

I am a [   ] cat.

 Story Words   tail 꼬리   find 찾다   at night 밤에   Do you know ~ 아니?

갈색

brown

A 단어를 찾아 동그라미 하세요.

black	white	there
all	brown	are
brown	four	black
new	black	brown

B 단어를 칸에 맞게 써 보세요.

b				
		o		

	r			

C 단어를 찾아 동그라미 하세요.

t x q b r o w n v

D 철자를 순서대로 나열하세요.

n	w	o	b	r

E 문장을 듣고 빈칸을 채워보세요. 🔊 40

Welcome to Mr.Brown's Farm!

We have a ____ cow.

We have a ____ dog.

We have a ____ hen.

We have many ____ animals.

Story Words　welcome to ~에 오신 것을 환영합니다　Brown 브라운(남자이름)　farm 농장

Unit 21

but

came

하지만 **but**

A 알맞은 철자로 된 단어를 찾아 동그라미 하세요.

bit	buh	tub	but
dut	cit	but	dob

B 단어를 따라 써 보세요.

but but but but

C 철자를 연결해서 단어를 만드세요.

d u t h

b w y c

D 철자를 순서대로 나열하세요.

u	b	t

E 문장을 듣고 빈칸을 채워보세요. 🔊 41

I am so sad.

I want to play soccer,

⬜ I have no time.

I want to eat chicken,

⬜ I have no money.

 Story Words sad 슬픈 play soccer 축구를 하다 no ~없는

왔다

came

A 단어를 찾아 동그라미 하세요.

came	am	can
want	came	at
soon	four	came
what	can	at

B 단어를 칸에 맞게 써 보세요.

c		

	m	

	a	

C 단어를 찾아 동그라미 하세요.

D 철자를 순서대로 나열하세요.

m	c	a	e

E 문장을 듣고 빈칸을 채워보세요. ◀))42

We had a Halloween party.

Spiderman ☐.

Ironman ☐.

Captain Marvel ☐.

The party was really amazing!

Story Words   Halloween party 할로윈 파티   amazing 굉장한

Unit 22

하다

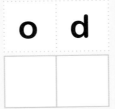

do

A 알맞은 철자로 된 단어를 찾아 동그라미 하세요.

du   do   bu   cu

di   do   tu   di

B 단어를 따라 써 보세요.

do   do   do   do

C 철자를 연결해서 단어를 만드세요.

c   d   g

b   q   o

D 철자를 순서대로 나열하세요.

o   d

E 문장을 듣고 빈칸을 채워보세요. 🔊 43

I have some cool toys.

[ ] you see a gray dolphin?

[ ] you see a blue shark?

[ ] you see a green seahorse?

Which one [ ] you like the most?

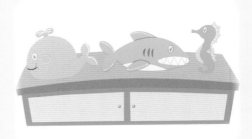

Story Words   gray 회색   dolphin 돌고래   shark 상어   seahorse 해마

먹다

eat

A 단어를 찾아 동그라미 하세요.

eat	ate	say
ate	too	eat
saw	eat	out
say	too	our

B 단어를 칸에 맞게 써 보세요.

e		
	a	

		t

C 단어를 찾아 동그라미 하세요.

y f w e a t d e a

D 철자를 순서대로 나열하세요.

t	e	a

E 문장을 듣고 빈칸을 채워보세요. 🔊 44

[   ], [   ] healthy food!
Vegetables and fruits are good for health.

But don't [   ] too much junk food!
Eating well keeps you healthy.

Story Words   healthy 건강에 좋은   junk food 정크 푸드(몸에 안 좋은 음식)   keep 유지하게 하다

Unit 23

four

get

WORD 01 ◀))) 45

넷

four

A 알맞은 철자로 된 단어를 찾아 동그라미 하세요.

| four | feur | four | diur |
| fiur | gour | jour | koul |

B 단어를 따라 써 보세요.

four   four   four   four

C 철자를 연결해서 단어를 만드세요.

g   o   u   l   s

f   w   i   r   x

D 철자를 순서대로 나열하세요.

| r | u | o | f |
| | | | |

E 문장을 듣고 빈칸을 채워보세요. ◀))) 45

What animals have ☐ legs?

Tigers have ☐ legs.

Zebras have ☐ legs.

Elephants have ☐ legs.

It is fun to find them.

 Story Words   leg 다리   tiger 호랑이   zebra 얼룩말   elephant 코끼리

사다, 얻다

get

A 단어를 찾아 동그라미 하세요.

get	eat	that
ate	that	get
at	was	he
like	get	am

B 단어를 칸에 맞게 써 보세요.

g		
	e	

		t

C 단어를 찾아 동그라미 하세요.

s w e v g e t n h

D 철자를 순서대로 나열하세요.

t	e	g

E 문장을 듣고 빈칸을 채워보세요. ◄))46

Today is shopping day!

I want to [ ] a pretty dress.

I want to [ ] a shiny ring.

I want to [ ] a nice coat.

I am so excited.

Story Words   shiny 빛나는   excited 신이 난

Unit 24

 good

have

WORD 01 🔊 47

좋은

good

A 알맞은 철자로 된 단어를 찾아 동그라미 하세요.

dood	good	bood	poob
geeb	geed	good	qoob

B 단어를 따라 써 보세요.

good   good   good   good

C 철자를 연결해서 단어를 만드세요.

k e o c l
g o i d b

D 철자를 순서대로 나열하세요.

o o g d

E 문장을 듣고 빈칸을 채워보세요. 🔊 47

☐ morning, everyone!

☐ afternoon, everyone!

☐ evening, everyone!

I hope you have a ☐ **day.**

Have a good day!

 Story Words   morning 아침   afternoon 점심   evening 저녁   have a good day 좋은 하루를 보내다

가지다

have

A 단어를 찾아 동그라미 하세요.

have	must	please
well	all	have
have	must	be
no	all	ate

B 단어를 칸에 맞게 써 보세요.

h			
		v	

		a	

C 단어를 찾아 동그라미 하세요.

f d h a u h a v e

D 철자를 순서대로 나열하세요.

v	a	h	e

E 문장을 듣고 빈칸을 채워보세요. ◀))) 48

What do you ☐ **?**

I ☐ **one white cap.**

I ☐ **two comic books.**

I ☐ **three hedgehogs.**

Wow, I ☐ **a lot of things.**

Story Words   cap 모자   comic book 만화책   hedgehog 고슴도치   a lot of 많은

he

into

WORD 01 🔊 49

그는

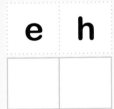

he

A 알맞은 철자로 된 단어를 찾아 동그라미 하세요.

| he | ge | de | he |
| eh | ih | ke | ce |

B 단어를 따라 써 보세요.

he   he   he   he

C 철자를 연결해서 단어를 만드세요.

l w a

h e n

D 철자를 순서대로 나열하세요.

e h

E 문장을 듣고 빈칸을 채워보세요. 🔊 49

[   ] is my superstar.

[   ] is the king of the singers.

[   ] is good at singing.

[   ] dances well, too.

I want to go to a concert soon.

 Story Words   superstar 슈퍼스타   be good at -ing ~잘하다   soon 곧

~안으로

into

A 단어를 찾아 동그라미 하세요.

have	soon	into
into	like	have
at	she	can
into	came	at

B 단어를 칸에 맞게 써 보세요.

i			
		t	

	n		

C 단어를 찾아 동그라미 하세요.

imtouinto

D 철자를 순서대로 나열하세요.

i	n	o	t

E 문장을 듣고 빈칸을 채워보세요. ◀)) 50

Goldilocks went ☐ the bears' house.

She went ☐ their room.
She got ☐ their bed.
She fell asleep quickly.
Wake up! The bears came back.

Story Words

fell asleep 잠들었다(fall의 과거)   came back 돌아왔다

Unit 26

 like

 must

좋아하다  **like**

A 알맞은 철자로 된 단어를 찾아 동그라미 하세요.

iike　ilke　diki　**like**

ihke　elki　like　lixe

B 단어를 따라 써 보세요.

like　　like　　like　　like

C 철자를 연결해서 단어를 만드세요.

l　f　w　q　e

c　l　i　k　l

D 철자를 순서대로 나열하세요.

i	l	e	k

E 문장을 듣고 빈칸을 채워보세요. 🔊 51

I ⬜ flower gardens.

I ⬜ violet tulips.

I ⬜ red roses and white lilies, too.

I ⬜ the smell of them.

 Story Words　　garden 정원　　violet 보라색　　lily 백합　　smell 향기, 냄새

~해야 한다

must

A 단어를 찾아 동그라미 하세요.

must	new	be
who	must	at
ride	there	must
that	new	ate

B 단어를 칸에 맞게 써 보세요.

m		
	s	

	u	

C 단어를 찾아 동그라미 하세요.

bwmosmust

D 철자를 순서대로 나열하세요.

s	t	m	u

E 문장을 듣고 빈칸을 채워보세요. ◀))52

The Earth is really sick.

What should we do for the Earth?

We _____ save paper.

We _____ save water.

We _____ save electricity.

 Story Words   the Earth 지구   sick 아픈   save 아끼다   electricity 전기

Unit 27

new

no

WORD 01 🔊 53

새로운

new

A 알맞은 철자로 된 단어를 찾아 동그라미 하세요.

| meu | new | niw | enw |
| niu | heq | ntu | new |

B 단어를 따라 써 보세요.

new   new   new   new

C 철자를 연결해서 단어를 만드세요.

a n e u
i m o w

D 철자를 순서대로 나열하세요.

w n e

E 문장을 듣고 빈칸을 채워보세요. 🔊 53

Hey, look! Here comes Anna!

She bought a ☐ dress.

She bought a ☐ hat.

She is wearing all ☐ clothes.

 Story Words   Here comes ~가 오다   bought 샀다(buy의 과거)   wear 입다

~아닌(금지)

no

A 단어를 찾아 동그라미 하세요.

so	no	too
our	this	so
no	well	say
two	our	no

B 단어를 칸에 맞게 써 보세요.

n	

	o

C 단어를 찾아 동그라미 하세요.

e w m u n z i n o

D 철자를 순서대로 나열하세요.

o	n

E 문장을 듣고 빈칸을 채워보세요. 🔊54

Let me introduce my class rules.

[ ] **pulling hair!**

[ ] **sleeping!**

[ ] **food or drink!**

Rules keep us safe.

Classroom Rules

No pulling hair

No sleeping

No food or drink

Story Words   introduce 소개하다   pull 당기다   rule 규칙   keep 계속 ~하게 하다   safe 안전한

WORD 01 🔊 55

지금 **now**

A 알맞은 철자로 된 단어를 찾아 동그라미 하세요.

wen	niw	now	naw
nuw	now	nou	maw

B 단어를 따라 써 보세요.

now now now now

C 철자를 연결해서 단어를 만드세요.

m o e u

n e w q

D 철자를 순서대로 나열하세요.

n	w	o

E 문장을 듣고 빈칸을 채워보세요. 🔊 55

What time is it ⬚ ?

It's past 10.

We have to leave and take a bus.

Hurry up! Let's go right ⬚ .

We should be at grandma's house by 11.

Story Words past (시간이) 지난 leave 출발하다 take a bus 버스를 타다 hurry up 서둘러 하다

~위에

on

A 단어를 찾아 동그라미 하세요.

no	on	do
on	say	all
at	saw	went
our	on	who

B 단어를 칸에 맞게 써 보세요.

o	

	n

C 단어를 찾아 동그라미 하세요.

m r g o h d o n b

D 철자를 순서대로 나열하세요.

n	o

E 문장을 듣고 빈칸을 채워보세요. ◀)) 56

A goat lives ☐ the mountain.

The goat is ☐ the hill.

Big horns are ☐ his head.

Bleat! Bleat! Bleat!

Story Words   goat 염소   hill 언덕   horn 뿔   bleat 음매애 하고 울다

WORD 01 🔊 57

A 알맞은 철자로 된 단어를 찾아 동그라미 하세요.

우리의

our

eur	oar	iur	our
eor	our	uur	cor

B 단어를 따라 써 보세요.

our ⸻ our ⸻ our ⸻ our

C 철자를 연결해서 단어를 만드세요.

o a t e

g u r l

D 철자를 순서대로 나열하세요.

u	o	r

E 문장을 듣고 빈칸을 채워보세요. 🔊 57

This is [   ] house.

It is a two-story building.

This is [   ] garage.

This is [   ] garden.

Do you want to come to [   ] house?

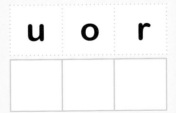

Story Words   two-story 2층의   garage 차고   come 오다

밖에

out

A 단어를 찾아 동그라미 하세요.

at	out	can
one	all	at
out	and	can
one	out	at

B 단어를 칸에 맞게 써 보세요.

o		
		t

	u	

C 단어를 찾아 동그라미 하세요.

u t q o c o u t r

D 철자를 순서대로 나열하세요.

t	u	o

E 문장을 듣고 빈칸을 채워보세요. 🔊58

Look [   ]! It stopped raining.

Do you want to go [   ]?

We will go [   ] and take a walk.

It will be fun to walk around the town.

Story Words   stop -ing 멈추다   go out 나가다

A 그림과 알맞은 사이트 워드를 연결한 다음 써 보세요.

❶

❷

❸

❹

❺

❻

> 보기   eat   he   brown   new   four   black

B 한글 뜻에 알맞은 사이트 워드를 써 보세요.

❶ 모두

❷ 먹었다

❸ 하지만

❹ 하다

❺ ~안으로

❻ ~해야 한다

❼ 지금

❽ 우리의

C 사이트 워드를 다음 문장에서 찾아 동그라미 하세요.

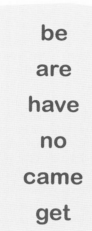

be

are

have

no

came

get

❶ I want to be a singer.

❷ You are so funny.

❸ Spiderman came.

❹ I want to get a nice coat.

❺ I have two comic books.

❻ No food or drink.

D 보기에서 알맞은 사이트 워드를 찾아 문장을 완성하세요.

보기   out   on   good   at   like   am

❶ I _____ 8 years old.
나는 8살이에요.

❷ I get up _____ seven.
나는 아침 7시에 일어나요.

❸ _____ morning, everyone.
여러분 좋은 아침이에요.

❹ I _____ flower gardens.
저는 꽃밭을 좋아해요.

❺ The goat is _____ the hill.
그 염소는 언덕 위에 있어요.

❻ Do you want to go _____?
밖에 나가고 싶니?

Unit 30

please
pretty

~해주세요

please

A 알맞은 철자로 된 단어를 찾아 동그라미 하세요.

pleese	pleaso	pliase	please
qlease	glease	please	plas

B 단어를 따라 써 보세요.

please   please   please

C 철자를 연결해서 단어를 만드세요.

p h i o s k
g l e a c e

D 철자를 순서대로 나열하세요.

p a e l e s

E 문장을 듣고 빈칸을 채워보세요. ◀)) 59

Can you help me, _____?

_____, vacuum the floor.

_____, wash the dishes.

_____, feed the dog.

Thank you so much for helping me.

 Story Words   help 돕다   vacuum 진공청소기를 돌리다   wash the dishes 설거지를 하다

예쁜

pretty

A 단어를 찾아 동그라미 하세요.

he	pretty	did
there	did	pretty
pretty	he	please
with	all	came

B 단어를 칸에 맞게 써 보세요.

p					

		e			

	r				

C 단어를 찾아 동그라미 하세요.

teopretty

D 철자를 순서대로 나열하세요.

y	t	t	p	r	e

E 문장을 듣고 빈칸을 채워보세요. ◀))) 60

There was a [ ] princess.

She wore a [ ] crown.

She had [ ] hair.

She wore a [ ] necklace.

What a [ ] princess!

Story Words   wore 입었다(wear의 과거)   crown 왕관   necklace 목걸이

Unit 31

 ran

 ride

WORD 01 🔊 61

달렸다

 ran

A 알맞은 철자로 된 단어를 찾아 동그라미 하세요.

han	rin	kan	ran
ren	ran	ron	gan

B 단어를 따라 써 보세요.

ran   ran   ran   ran

C 철자를 연결해서 단어를 만드세요.

h a v b

r l n w

D 철자를 순서대로 나열하세요.

r n a

E 문장을 듣고 빈칸을 채워보세요. 🔊 61

I had a running race.

I [   ] past the park.

I [   ] past the lake, too.

I [   ], [   ], [   ] fast.

Wow, I won the race.

 Story Words   running race 경주   past ~지나서   won 이겼다(win의 과거)

78 • 가장 쉬운 초등 필수 사이트 워드

타다

ride

A 단어를 찾아 동그라미 하세요.

this	be	ride
but	did	soon
ride	be	too
will	ride	did

B 단어를 칸에 맞게 써 보세요.

r

d

i

C 단어를 찾아 동그라미 하세요.

r i t o r i d e j

D 철자를 순서대로 나열하세요.

e	d	r	i

E 문장을 듣고 빈칸을 채워보세요. 🔊 62

I can ⬚ rollerblades.

I can ⬚ a skateboard.

I can ⬚ a bike.

When I ⬚ them, I can ride like the wind.

Story Words   rollerblade 롤러블레이드   skateboard 스케이트보드   like ~처럼

Unit 32

saw

say

WORD 01 🔊 63

봤다

saw

A 알맞은 철자로 된 단어를 찾아 동그라미 하세요.

siw	taw	cuw	saw

sau	saw	sew	kaw

B 단어를 따라 써 보세요.

saw   saw   saw   saw

C 철자를 연결해서 단어를 만드세요.

s a z b

g q w u

D 철자를 순서대로 나열하세요.

a	s	w

E 문장을 듣고 빈칸을 채워보세요. 🔊 63

What did you see?

I ⬚ a ladybug on the leaf.

I ⬚ a bee on the flower.

Oh no, I ⬚ a fly on my bread.

Story Words   ladybug 무당벌레   leaf 나뭇잎   bee 벌   fly 파리

말하다

say

A 단어를 찾아 동그라미 하세요.

saw	say	get
soon	under	say
went	ate	saw
say	soon	at

B 단어를 칸에 맞게 써 보세요.

s		
		y

	a	

C 단어를 찾아 동그라미 하세요.

s m v j s a y w u

D 철자를 순서대로 나열하세요.

s	y	a

E 문장을 듣고 빈칸을 채워보세요. 🔊64

This is my family.

☐ **hello to my grandparents.**

☐ **hi to my parents.**

☐ **hello to my sisters.**

It's nice to meet you.

Story Words grandparents 조부모님   It's nice to meet you. 만나서 반가워요.

Unit 33

she
so

WORD 01 🔊 65

그녀는

she

A 알맞은 철자로 된 단어를 찾아 동그라미 하세요.

shi　ohe　che　**she**

ghe　**she**　dhe　sje

B 단어를 따라 써 보세요.

she　she　she　she

C 철자를 연결해서 단어를 만드세요.

s　h　x　q

g　t　e　b

D 철자를 순서대로 나열하세요.

s	e	h

E 문장을 듣고 빈칸을 채워보세요. 🔊 65

I have a pen pal. She is named Sue.

☐ lives in England.

☐ is energetic like me.

☐ likes to play soccer.

We have many things in common.

Pen Pals

Story Words　pen pal 편지 친구　energetic 활동적인　have ~ in common 공통점이 있다

매우

SO

A 단어를 찾아 동그라미 하세요.

saw	so	must
say	all	so
so	well	what
one	will	at

B 단어를 칸에 맞게 써 보세요.

S	

	O

C 단어를 찾아 동그라미 하세요.

f z s o q m t y s

D 철자를 순서대로 나열하세요.

O	S

E 문장을 듣고 빈칸을 채워보세요. 🔊))66

I went to the amusement park.

The roller coaster was ⬚ scary.

The Ferris wheel was ⬚ exciting.

The pirate ship ride was ⬚ thrilling.

The amusement park was ⬚ enjoyable.

Story Words   amusement park 놀이공원   scary 무서운   Ferris wheel 회전관람차   thrilling 스릴 있는

Unit 34

soon
that

곧

soon

A 알맞은 철자로 된 단어를 찾아 동그라미 하세요.

coon	biin	soon	sooon
goon	soon	koon	noos

B 단어를 따라 써 보세요.

soon   soon   soon   soon

C 철자를 연결해서 단어를 만드세요.

c   e   o   w   n
z   s   y   o   l

D 철자를 순서대로 나열하세요.

n	s	o	o

E 문장을 듣고 빈칸을 채워보세요. 🔊 67

[　] it will be summer.

[　] summer vacation will start.

[　] I will travel with my family.

I can't wait for it.

 Story Words   summer vacation 여름방학   travel 여행하다   can't wait for ~ 기대가 크다

저것

that

A 단어를 찾아 동그라미 하세요.

there	black	with
with	that	at
that	who	what
that	all	get

B 단어를 칸에 맞게 써 보세요.

| t | | |
| | a | |

| | h | |
| | | |

C 단어를 찾아 동그라미 하세요.

p o t h a t i m c

D 철자를 순서대로 나열하세요.

| t | a | t | h |
| | | | |

E 문장을 듣고 빈칸을 채워보세요. 🔊 68

Look at ☐ !

There are many people on the bus.

Look at ☐ !

A baby on the bus is smiling.

The baby makes them smile, too.

Story Words

look at ~보다   smile 미소 짓다

there
they

WORD 01 🔊 69

~있다/
거기에

there

A 알맞은 철자로 된 단어를 찾아 동그라미 하세요.

tthere thee there thet

htere thyre thire there

B 단어를 따라 써 보세요.

there   there   there   there

C 철자를 연결해서 단어를 만드세요.

t h y r a

s d e g e

D 철자를 순서대로 나열하세요.

e h e r t

E 문장을 듣고 빈칸을 채워보세요. 🔊 69

I go to the park every day.

☐ **are green trees.**

☐ **is a beautiful fountain.**

☐ **are long benches.**

I sit ☐ **and relax.**

Story
Words

There is[are] ~ 있다   fountain 분수대   relax 쉬다

그들은

they

A 단어를 찾아 동그라미 하세요.

that	they	brown
they	new	our
that	out	black
yes	they	there

B 단어를 칸에 맞게 써 보세요.

t		
		e

	h	

C 단어를 찾아 동그라미 하세요.

t h o y t h e y c

D 철자를 순서대로 나열하세요.

t	y	e	h

E 문장을 듣고 빈칸을 채워보세요. 🔊 70

I think firefighters are heroes.

☐ are brave and strong.

☐ are saving our lives.

Thank you, firefighters!

Story Words   firefighter 소방관   brave 용감한   save one's lives 생명을 구하다

Unit 36

 this
too

이것/
이 사람

this

A 알맞은 철자로 된 단어를 찾아 동그라미 하세요.

ttis	tihs	this	shis

this	thas	thos	htis

B 단어를 따라 써 보세요.

this this this this

C 철자를 연결해서 단어를 만드세요.

r h i q y

t g v s b

D 철자를 순서대로 나열하세요.

h	t	i	s

E 문장을 듣고 빈칸을 채워보세요. ◀)) 71

[　　] is my uncle's family photo.

[　　] is my uncle, Joe.

[　　] is my uncle's wife, Emma.

[　　] is my cousin, Ed.

They are going to visit us next week.

 Story Words　　uncle 삼촌　　cousin 사촌　　visit 방문하다　　next week 다음주

너무

 too

A 단어를 찾아 동그라미 하세요.

this	are	too
too	am	now
at	too	with
saw	are	but

B 단어를 칸에 맞게 써 보세요.

t		
		o

	o	

C 단어를 찾아 동그라미 하세요.

 ptewantoo

D 철자를 순서대로 나열하세요.

o	t	o

E 문장을 듣고 빈칸을 채워보세요. 🔊 72

It's [   ] hot today.
Oh, no! The soup is [   ] hot.
Oh, my! This tea is [   ] hot.
Please, give me something cool.

Story Words   hot 더운   soup 수프   tea 차   cool 시원한

under
want

WORD 01 🔊 73

A 알맞은 철자로 된 단어를 찾아 동그라미 하세요.

~아래

under

| ander | under | onder | umder |
| inder | ender | sander | under |

B 단어를 따라 써 보세요.

under   under   under   under

C 철자를 연결해서 단어를 만드세요.

u   m   d   i   r

w   n   t   e   a

D 철자를 순서대로 나열하세요.

n	u	r	e	d

E 문장을 듣고 빈칸을 채워보세요. 🔊 73

My room is too messy.

There is a bag ☐ the chair.

There is a basketball ☐ the bed.

There is a book ☐ the desk.

It is time to clean my room.

Story Words   messy 지저분한   it is time to ~ 할 때다

원하다

want

A 단어를 찾아 동그라미 하세요.

want	what	all
white	soon	want
soon	want	say
be	all	at

B 단어를 칸에 맞게 써 보세요.

w			
		n	

	a		

C 단어를 찾아 동그라미 하세요.

d a w a n t b n j

D 철자를 순서대로 나열하세요.

t	n	w	a

E 문장을 듣고 빈칸을 채워보세요. ◀))) 74

I [ ] to go to the aquarium.

I [ ] to see an octopus.

I [ ] to see a clownfish, too.

Above all, I [ ] to watch the seal show.

aquarium 수족관   octopus 문어   clownfish 흰동가리   seal 물개

Unit 38

was

well

WORD 01 🔊 75

~였다

was

A 알맞은 철자로 된 단어를 찾아 동그라미 하세요.

uas	wat	was	wac
wis	was	aas	wos

B 단어를 따라 써 보세요.

was   was   was   was

C 철자를 연결해서 단어를 만드세요.

w a h x

o u s y

D 철자를 순서대로 나열하세요.

s	a	w

E 문장을 듣고 빈칸을 채워보세요. 🔊 75

How ☐ the field trip?

It ☐ fun. I had a nice time.

How ☐ the birthday party?

It ☐ good. I had delicious food.

Those are good memories for me.

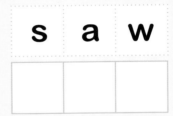

 Story Words   field trip 현장 학습   delicious 맛있는   memory 기억

건강한, 잘

well

A 단어를 찾아 동그라미 하세요.

well	went	do
four	white	so
well	do	well
what	four	so

B 단어를 칸에 맞게 써 보세요.

w		
	l	

	e	

C 단어를 찾아 동그라미 하세요.

w e h o w e l l c

D 철자를 순서대로 나열하세요.

l	e	w	l

E 문장을 듣고 빈칸을 채워보세요. ◀))) 76

How are you feeling today?

I don't feel [   ].

But my sister feels [   ].

She takes care of me [   ].

I am feeling well now.

Story Words   How are you feeling today? 오늘 기분 어때?   take care of 돌보다

Unit 39

went

what

갔다

went

A 알맞은 철자로 된 단어를 찾아 동그라미 하세요.

uent	**went**	wenb	wenq
wint	uend	**went**	uenp

B 단어를 따라 써 보세요.

went   went   went   went

C 철자를 연결해서 단어를 만드세요.

w e m t

u q n d

D 철자를 순서대로 나열하세요.

t	w	e	n

E 문장을 듣고 빈칸을 채워보세요. 🔊 77

Where did you go last weekend?

I ⬜ **camping with my family.**

We ⬜ **fishing at the lake.**

We ⬜ **hiking on the mountain.**

We had a great time all weekend.

 Story Words   last weekend 지난 주말   went -ing ~하러 갔다   hike 하이킹을 가다

무슨

what

A 단어를 찾아 동그라미 하세요.

what	ran	white
black	all	what
he	ran	can
what	all	he

B 단어를 칸에 맞게 써 보세요.

w			

		h	

			a

C 단어를 찾아 동그라미 하세요.

u j l w h a t w a

D 철자를 순서대로 나열하세요.

t	a	h	w

E 문장을 듣고 빈칸을 채워보세요. ◀))78

Can I give you a quiz?

[ ] **animal can speak?**

It is a parrot.

[ ] **animal can get up early?**

It is a rooster.

It's fun. Let's do the quiz one more time.

parrot 앵무새   get up 일어나다   rooster 수탉

Unit 40 white who

WORD 01 🔊 79

흰색

white

A 알맞은 철자로 된 단어를 찾아 동그라미 하세요.

white   wihte   whaie   wahte

hwito   whito   whatt   white

B 단어를 따라 써 보세요.

white   white   white   white

C 철자를 연결해서 단어를 만드세요.

w   h   l   j   e

g   d   i   t   q

D 철자를 순서대로 나열하세요.

e	h	w	t	i

E 문장을 듣고 빈칸을 채워보세요. 🔊 79

My rabbit is called snowflake.

Her tail is ☐ .

Her body is ☐ .

Her paws are ☐ ,

but her eyes are red.

 Story Words   snowflake 눈송이   tail 꼬리   paw 발

누구

who

A 단어를 찾아 동그라미 하세요.

who	was	will
this	ate	who
was	pretty	but
will	who	do

B 단어를 칸에 맞게 써 보세요.

W		

	o	

	h	

C 단어를 찾아 동그라미 하세요.

w a u j i w h o u

D 철자를 순서대로 나열하세요.

o	h	w

E 문장을 듣고 빈칸을 채워보세요. 🔊 80

[   ] invented the airplane?
It was the Wright brothers.

[   ] invented the telephone?
It was Alexander Graham Bell.
They were great inventors.

Story Words   invent 발명하다   airplane 비행기   inventor 발명가

will
with

WORD 01 ◀)) 81

~할 것이다
(의지)

will

A 알맞은 철자로 된 단어를 찾아 동그라미 하세요.

| iwll | wilh | will | uill |
| will | oill | welh | wuyl |

B 단어를 따라 써 보세요.

will   will   will   will

C 철자를 연결해서 단어를 만드세요.

w h q l i
s i l c k

D 철자를 순서대로 나열하세요.

l	l	w	i

E 문장을 듣고 빈칸을 채워보세요. ◀)) 81

[   ] you come to my pajama party?
Yes, I [   ].
[   ] you come and play with me?
Of course, that sounds great.
Great! Come along.

Story Words   of course 물론   That sounds great. 좋을 거 같다.   come along 따라오다

~와 함께

with

A 단어를 찾아 동그라미 하세요.

white	who	re
with	am	at
will	all	with
this	with	at

B 단어를 칸에 맞게 써 보세요.

| w | | |
| | t | |

| | i | |
| | | |

C 단어를 찾아 동그라미 하세요.

k f v w i t h q b

D 철자를 순서대로 나열하세요.

| t | w | i | h |
| | | | |

E 문장을 듣고 빈칸을 채워보세요. ◀))) 82

Can I play ☐ you?
Can I study ☐ you?
Can I go ☐ you?
Sure. I want to do everything
☐ you.

Story Words   go with ~와 함께 가다   sure 물론

yes

after

WORD 01 📢》83

응/그래

yes

A 알맞은 철자로 된 단어를 찾아 동그라미 하세요.

| iys | yes | ees | yys |
| wys | isy | yes | gys |

B 단어를 따라 써 보세요.

yes   yes   yes   yes

C 철자를 연결해서 단어를 만드세요.

w h e s
c y q t

D 철자를 순서대로 나열하세요.

s e y

E 문장을 듣고 빈칸을 채워보세요. 📢》83

Wow, it looks delicious.

Can I have a bite of your ice cream?

[   ], you can.

Can I have a bite of your cotton candy?

[   ], go ahead.

Story Words   look ~처럼 보이다   a bite of 한 입의   go ahead 어서 해

~이후에

after

A 단어를 찾아 동그라미 하세요.

at	after	white
brown	so	will
ride	who	after
after	all	at

B 단어를 칸에 맞게 써 보세요.

a				
		t		

f				

C 단어를 찾아 동그라미 하세요.

k w a f t e r q p

D 철자를 순서대로 나열하세요.

f	a	t	r	e

E 문장을 듣고 빈칸을 채워보세요. ◀))84

May I play games ☐ school?

May I watch TV ☐ doing homework?

May I have a snack ☐ dinner?

Yes, you may if you want to.

Story Words

watch TV 텔레비전을 시청하다   do homework 숙제를 하다   have a snack 간식을 먹다

A 그림과 알맞은 사이트 워드를 연결한 다음 써 보세요.

❶

❷

❸

❹

❺

❻

보기   ride   pretty   she   under   say   white

B 한글 뜻에 알맞은 사이트 워드를 써 보세요.

❶ 곧

❷ 이것

❸ 건강한

❹ ~할 것이다 (의지)

❺ ~해주세요

❻ 응/그래

❼ 원하다

❽ 갔다

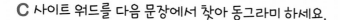

C 사이트 워드를 다음 문장에서 찾아 동그라미 하세요.

with
that
there
they
was
too

❶ How was the birthday party?

❷ Look at that!

❸ There are green trees.

❹ It's too hot today.

❺ They are brave and strong.

❻ Can I go with you?

D 보기에서 알맞은 사이트 워드를 찾아 문장을 완성하세요.

보기   who went so want saw ran

❶ I   past the park.
나는 공원을 지나 달렸어요.

❷   invented the airplane?
누가 비행기를 발명했지?

❸ I   camping with my family.
나는 가족과 함께 캠핑 하러 갔어요.

❹ I   a ladybug on the leaf.
나뭇잎 위에 있는 무당벌레를 보았어요.

❺ The roller coaster was   scary.
롤러코스터는 너무 무서워요.

❻ I   to go to the aquarium.
수족관에 가고 싶어요.

Why should students learn sight words?

사이트 워드를 왜 배워야 할까요?

사이트 워드는 왜 중요한가요?

사이트 워드의 단어들은 리딩을 처음 시작할 때 필요한 핵심 단어들이자 학교 수업을 따라가려면 꼭 알아야 하는 필수 단어들이기도 합니다. 만약에 영어 학습 초기에 파닉스와 함께 이 사이트 워드를 익혀 두면 이후 학교 수업이나 리딩을 할 때 잘 따라갈 수 있게 됩니다. 그래서 원어민들도 사이트 워드를 저학년 학생들이 꼭 익혀야 하는 필수 스킬이라고 보고 이 사이트 워드를 익히는데 노력을 기울이고 있습니다.

사이트 워드를 익히면 무엇이 좋은가요?

영어 읽기를 처음 시작하는 학생들이 이 사이트 워드를 습득하고 있으면 책 읽기가 훨씬 수월하게 느껴지고 영어책 읽기에 흥미를 느끼기도 쉽습니다. 이것은 책에 자주 나오는 단어를 외우고 있으면 자동성(automaticity)이 높아지기 때문인데요. 모르는 단어가 많아서 단어를 읽으려고 시간과 노력을 기울이다 보면 정작 책의 내용은 잊어버릴 때가 있습니다. 그런데 사이트 워드를 익히면 이미 책에 나오는 단어들의 대부분을 알게 되기 때문에 내용을 이해하고 새로운 단어를 배우는 데 더 노력을 기울일 수 있습니다. 이렇게 책을 읽을 때 자동성이 높아지면 최소한의 노력으로 내용을 이해하면서 읽기 능력을 향상 시킬 수 있습니다. 이 책에서 제시하고 있는 Dolch Sight List를 다 익힌다면 어린이 책의 경우 60~70% 정도는 읽을 수 있습니다.

그리고 파닉스 규칙이 적용이 되지 않는 buy, talk, 혹은 come 같은 단어들이 있는데요. 파닉스 규칙을 적용해서 읽을 수 없는 단어들을 외우고 있으면 이 단어들을 읽을 때뿐 아니라 비슷한 단어들인 guy, walk, come 같은 모르는 단어들을 읽을 때도 도움이 됩니다.

PART 3

LEVEL 03
Sight Words

again	any	ask	by
could	every	fly	from
give	going	had	has
her	him	his	how
know	let	live	may
of	old	once	open
over	put	round	some
stop	take	thank	them
think	walk	were	when

Unit 43

again

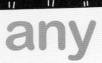
any

WORD 01 🔊 85

다시

again

A 알맞은 철자로 된 단어를 찾아 동그라미 하세요.

agind	egain	ahain	agail
agibn	again	abain	again

B 단어를 따라 써 보세요.

again   again   again   again

C 철자를 연결해서 단어를 만드세요.

a h a s f
o g e i n

D 철자를 순서대로 나열하세요.

a	a	g	i	n

E 문장을 듣고 빈칸을 채워보세요. 🔊 85

The last winter trip was awesome.

I would like to ski [   ].

I would like to ride a sled [   ].

I would like to snowboard [   ].

I would like to go there [   ].

Story Words   sled 썰매   snowboard 스노우보드를 타다

무슨/
무엇이든

any

A 단어를 찾아 동그라미 하세요.

any	and	can
one	all	any
at	and	can
one	all	any

B 단어를 칸에 맞게 써 보세요.

a		

		y

	n	

C 단어를 찾아 동그라미 하세요.

q e a m g a n y x

D 철자를 순서대로 나열하세요.

n	a	y

E 문장을 듣고 빈칸을 채워보세요. 🔊 86

Do you have [　　] **CDs?**

Yes, I have some love songs.

Do you have [　　] **books?**

Yes, I have an interesting story book.

Do you have [　　] **DVDs?**

Yes, I have an animation movie.

 Story Words   animation movie 만화 영화

Unit 44

ask
by

물어보다

ask

A 알맞은 철자로 된 단어를 찾아 동그라미 하세요.

osk	aks	isk	aak
ask	kas	ask	qsk

B 단어를 따라 써 보세요.

ask   ask   ask   ask

C 철자를 연결해서 단어를 만드세요.

a c k d
b s w u

D 철자를 순서대로 나열하세요.

s	k	a

E 문장을 듣고 빈칸을 채워보세요. ◀))) 87

That girl is a new student.
I want to say hello to her and
[   ] her one question.
What will you [   ]?
I will [   ] her to play with us.

Story
Words   question 질문

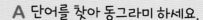

~옆에 **by**

A 단어를 찾아 동그라미 하세요.

fly	of	old
by	an	every
an	every	by
one	by	give

B 단어를 칸에 맞게 써 보세요.

b	

	y

C 단어를 찾아 동그라미 하세요.

t d g r b y q o z

D 철자를 순서대로 나열하세요.

y	b

E 문장을 듣고 빈칸을 채워보세요. 88

My grandma's house is so lovely.

There is a house [　　　] a tall tree.

The tall tree is [　　　] a bench.

The bench is [　　　] a pond.

I want to go there soon.

Story Words — lovely 아름다운, 사랑스러운   tall 키가 큰   bench 벤치, 긴 의자

WORD 01 🔊)) 89

~해주다
(부탁할 때)

could

A 알맞은 철자로 된 단어를 찾아 동그라미 하세요.

| could | dould | uwold | oculd |

| oould | ccoul | could | coudl |

B 단어를 따라 써 보세요.

could   could   could   could

C 철자를 연결해서 단어를 만드세요.

c o f b p

d s u l d

D 철자를 순서대로 나열하세요.

l	d	o	u	c

E 문장을 듣고 빈칸을 채워보세요. 🔊)) 89

[   ] you pass me the salt, please?

[   ] you pass me the pepper, please?

[   ] you pass me the ketchup, please?

Now it is ready to eat.

 Story Words pass 건네 주다   salt 소금   pepper 후추   ready 준비가 된

모든
every

A 단어를 찾아 동그라미 하세요.

every	just	as
going	just	every
may	and	can
as	every	give

B 단어를 칸에 맞게 써 보세요.

e				

			e	

	v			

C 단어를 찾아 동그라미 하세요.

j g e v e r y j q

D 철자를 순서대로 나열하세요.

y	e	v	e	r

E 문장을 듣고 빈칸을 채워보세요. ◀))90

I feed my cat ☐ day.

I feed my hedgehog ☐ day.

I feed my iguana ☐ day.

It is hard to feed them,

but I love them.

 Story Words   hedgehog 고슴도치   iguana 이구아나   feed 먹이를 주다

fly

from

WORD 01 ◄))) 91

날다

fly

A 알맞은 철자로 된 단어를 찾아 동그라미 하세요.

bly	fli	flg	fly
fly	ffl	fyy	gly

B 단어를 따라 써 보세요.

fly   fly   fly   fly

C 철자를 연결해서 단어를 만드세요.

f   k   i   s

c   l   y   j

D 철자를 순서대로 나열하세요.

l	f	y

E 문장을 듣고 빈칸을 채워보세요. ◄))) 91

What can ⬚ ?

Birds can ⬚ over the clouds.

Balloons can ⬚ over the trees.

Bees can ⬚ over the flowers.

Story Words   over ~ 위로   cloud 구름

~출신의

from

A 단어를 찾아 동그라미 하세요.

had	put	some
from	as	from
walk	from	give
put	were	when

B 단어를 칸에 맞게 써 보세요.

f		
	o	

	r	

C 단어를 찾아 동그라미 하세요.

k g f r o m e c u

D 철자를 순서대로 나열하세요.

m	r	f	o

E 문장을 듣고 빈칸을 채워보세요. 🔊92

My friends are [ ] different countries.

Lia is [ ] Italy.

Oliver is [ ] the US.

Rose is [ ] Singapore.

Now, we are all friends.

Story Words

country 나라　Italy 이탈리아　the US 미국　Singapore 싱가포르

Unit 47 give going

주다

give

A 알맞은 철자로 된 단어를 찾아 동그라미 하세요.

hibe give fice pive

give geve fece fage

B 단어를 따라 써 보세요.

give   give   give   give

C 철자를 연결해서 단어를 만드세요.

d i v t x

g a u e w

D 철자를 순서대로 나열하세요.

g	v	i	e

E 문장을 듣고 빈칸을 채워보세요. 🔊 93

Can you ☐ me a map?

I don't know where I am.

Can you ☐ me a flashlight?

It is too dark.

Thank you. You are a big help.

 Story Words   map 지도   flashlight 손전등   dark 어두운

가는 중
going

A 단어를 찾아 동그라미 하세요.

going	again	every
had	going	know
may	had	going
every	give	again

B 단어를 칸에 맞게 써 보세요.

g				
		i		

		o		

C 단어를 찾아 동그라미 하세요.

D 철자를 순서대로 나열하세요.

g	n	i	o	g

E 문장을 듣고 빈칸을 채워보세요. 🔊 94

Where is Eric [　　　]?

He is [　　　] to the bank.

Where is he [　　　] now?

He is [　　　] to the bakery.

He looks busy today.

Story Words　bakery 빵집　look 보이다　busy 바쁜

Unit 48 had has

WORD 01 🔊 95

가지고 있었다

had

A 알맞은 철자로 된 단어를 찾아 동그라미 하세요.

kad　　had　　haad　　hab

dah　　hed　　gad　　had

B 단어를 따라 써 보세요.

had　　had　　had　　had

C 철자를 연결해서 단어를 만드세요.

a　h　v　d

g　n　a　b

D 철자를 순서대로 나열하세요.

a	h	d

E 문장을 듣고 빈칸을 채워보세요. 🔊 95

I ☐ a nice yo-yo.

I ☐ a teddy bear.

I ☐ a racket.

But I lost all of them.

Story Words　　yo-yo 요요　　teddy bear 곰인형　　lost 잃어버렸다(lose의 과거)

가지고 있다

has

A 단어를 찾아 동그라미 하세요.

has	had	live
any	stop	has
by	just	live
as	has	just

B 단어를 칸에 맞게 써 보세요.

h		
		s

	a	

C 단어를 찾아 동그라미 하세요.

h g a h a s g a b

D 철자를 순서대로 나열하세요.

s	a	h

E 문장을 듣고 빈칸을 채워보세요. ◀))96

Emily [   ] a world map in her room.

She [   ] many travel books.

She [   ] one dream.

She wants to travel around the world.

world map 세계지도   travel book 여행 책   around the world 전 세계

Unit 49

her
him

WORD 01 ◀))) 97

그녀의

her

A 알맞은 철자로 된 단어를 찾아 동그라미 하세요.

| ger | herr | her | hir |
| her | ber | cer | ner |

B 단어를 따라 써 보세요.

her   her   her   her

C 철자를 연결해서 단어를 만드세요.

f h w v
b y e r

D 철자를 순서대로 나열하세요.

| h | r | e |
| | | |

E 문장을 듣고 빈칸을 채워보세요. ◀))) 97

Julia is my favorite fashion model.

I am watching ☐ fashion show.

I love ☐ bag and ☐ jacket.

I love ☐ hat, too.

She is a really beautiful model.

 Story Words   favorite 가장 좋아하는   fashion model 패션 모델   jacket 재킷

그를

him

A 단어를 찾아 동그라미 하세요.

his	him	from
open	know	him
him	when	some
know	as	put

B 단어를 칸에 맞게 써 보세요.

h		
		m

	i	

C 단어를 찾아 동그라미 하세요.

e m g j m h i m r

D 철자를 순서대로 나열하세요.

h	m	i

E 문장을 듣고 빈칸을 채워보세요. ◀))98

I played hide-and-seek with my brother.

I was looking for ⬚ .

But it was difficult to find ⬚ .

He was good at hiding.

Story Words play hide-and-seek 숨바꼭질을 하다   look for 찾다   difficult 어려운

Unit 50

his
how

WORD 01 🔊 99

그의

his

A 알맞은 철자로 된 단어를 찾아 동그라미 하세요.

gis   his   hiis   hisss

hes   hos   his   hig

B 단어를 따라 써 보세요.

his   his   his   his

C 철자를 연결해서 단어를 만드세요.

j   f   i   s

s   h   y   c

D 철자를 순서대로 나열하세요.

i   h   s

E 문장을 듣고 빈칸을 채워보세요. 🔊 99

My brother loves to play sports.

This is ☐ ball for basketball.

This is ☐ racket for tennis.

This is ☐ bat for baseball.

He is good at many sports.

Story Words   basketball 농구   tennis 테니스   baseball 야구

얼마나
how

A 단어를 찾아 동그라미 하세요.

know	how	round
over	thank	let
let	how	know
how	of	at

B 단어를 칸에 맞게 써 보세요.

h		

| | | w |

	o	

| | | |

C 단어를 찾아 동그라미 하세요.

s a g z o h o w a

D 철자를 순서대로 나열하세요.

o	w	h

| | | |

E 문장을 듣고 빈칸을 채워보세요. ◀》) 100

[ ] much is this brown coin purse?

[ ] much is this orange scarf?

[ ] much is this alarm clock?

I want to buy all of them.

Story Words   coin purse 동전 지갑   scarf 목도리   alarm clock 알람 시계

Unit 51

know
let

A 알맞은 철자로 된 단어를 찾아 동그라미 하세요.

알다

know

qnow gnow **know** nkow

jnow kknow knaw **know**

B 단어를 따라 써 보세요.

know know know know

C 철자를 연결해서 단어를 만드세요.

g n o s v

k m a w x

D 철자를 순서대로 나열하세요.

o w k n

E 문장을 듣고 빈칸을 채워보세요. ◀))) 101

I ⬚ how to swim in the river.
I ⬚ how to dive in the pool.
I ⬚ how to snorkel in the sea.
I am good at playing in the water.

Story Words   how to + 동사 ~하는 법   dive 잠수하다   snorkel 스노클링하다

~하게 하다

let

A 단어를 찾아 동그라미 하세요.

let	how	him
has	every	from
from	let	by
let	him	ask

B 단어를 칸에 맞게 써 보세요.

l		
		t

	e	

C 단어를 찾아 동그라미 하세요.

k d w a l e t o x

D 철자를 순서대로 나열하세요.

l	t	e

E 문장을 듣고 빈칸을 채워보세요. ◀))) 102

I want to go somewhere today.

[_____]'s go to the amusement park.

[_____]'s go to the beach.

[_____]'s go to the mountains.

Anywhere is fine with me.

Story Words   Let's ~하자(Let us의 줄임말)   mountain 산   anywhere 어디든   fine 좋은

Unit 43~51

Review 05

A 그림과 알맞은 사이트 워드를 연결한 다음 써 보세요.

①

②
much is it?

③

④

⑤
when who why what

⑥

보기   how   fly   ask   going   give   know

B 한글 뜻에 알맞은 사이트 워드를 써 보세요.

❶ 다시

❷ ~해주다 (부탁할 때)

❸ 모든

❹ ~출신의

❺ 무슨/ 무엇이든

❻ 그녀의

❼ 얼마나

❽ 가는 중

C 사이트 워드를 다음 문장에서 찾아 동그라미 하세요.

| let |
| from |
| every |
| again |
| has |
| him |

❶ Let's go to the mountains.

❷ I feed my cat every day.

❸ Oliver is from the US.

❹ She has many travel books.

❺ It was difficult to find him.

❻ I would like to ride a sled again.

D 보기에서 알맞은 사이트 워드를 찾아 문장을 완성하세요.

보기 her how had any could his

❶ Do you have _____ books?
책 좀 있니?

❷ _____ you pass me the pepper, please?
후추를 건네 주시겠어요?

❸ _____ much is this orange scarf?
이 주황색 목도리는 얼마예요?

❹ This is _____ ball for basketball.
이것은 그의 농구공이에요.

❺ I love _____ bag and _____ jacket.
그녀의 가방과 재킷이 마음에 들어요.

❻ I _____ a racket.
나는 라켓이 있었어요.

live

may

WORD 01 🔊 103

살다

live

A 알맞은 철자로 된 단어를 찾아 동그라미 하세요.

giue	live	leeve	liive
livee	kive	cive	live

B 단어를 따라 써 보세요.

live   live   live   live

C 철자를 연결해서 단어를 만드세요.

l i w e d

s q v l r

D 철자를 순서대로 나열하세요.

v	e	i	l

E 문장을 듣고 빈칸을 채워보세요. 🔊 103

Bees [ ] in hives on trees.

Bats [ ] in dark caves.

Dolphins [ ] in the deep sea.

Every animal lives in a different place.

Story Words   cave 동굴   deep 깊은   place 장소

~해도 된다

may

A 단어를 찾아 동그라미 하세요.

may	fly	put
once	his	an
as	may	may
over	all	put

B 단어를 칸에 맞게 써 보세요.

m		
		y

	a	

C 단어를 찾아 동그라미 하세요.

o g b q a m a y n

D 철자를 순서대로 나열하세요.

a	m	y

E 문장을 듣고 빈칸을 채워보세요. 🔊 104

[____] I come into the classroom?

Of course, come in.

[____] I sit down in my chair?

Yes, you [____].

[____] I have your pencil?

No, you may not.

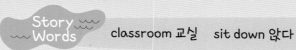
Story Words   classroom 교실   sit down 앉다

Unit 53

of
old

~의/~를

of

A 알맞은 철자로 된 단어를 찾아 동그라미 하세요.

oof   ofo   of   af

og   ohh   off   of

B 단어를 따라 써 보세요.

of   of   of   of

C 철자를 연결해서 단어를 만드세요.

x   f   g

o   h   l

D 철자를 순서대로 나열하세요.

f	o

E 문장을 듣고 빈칸을 채워보세요. 🔊 105

My dog is brave and runs fast.

My dog caught a leg [   ] the thief.

I am proud [   ] him.

My dog won a race.

I took a photo [   ] my dog.

Story Words   caught 잡았다(catch의 과거)   proud 자랑스러운   won 이겼다(win의 과거)

WORD 02 🔊 106

나이든
old

A 단어를 찾아 동그라미 하세요.

old	open	by
once	live	old
over	old	open
some	once	as

B 단어를 칸에 맞게 써 보세요.

o		
		d

	l	

C 단어를 찾아 동그라미 하세요.

b n a o l d p k q

D 철자를 순서대로 나열하세요.

d	l	o

E 문장을 듣고 빈칸을 채워보세요. 🔊 106

I have two siblings:

a brother and a sister.

How ⬜ is your brother?

He is 12 years ⬜.

How ⬜ is your sister?

She is 9 years ⬜.

MY SISTER   MY BROTHER   ME

Story Words
sibling 형제자매   How old ~? 몇 살 ~?

once
open

WORD 01 🔊 107

언젠가/ 한 번

once

A 알맞은 철자로 된 단어를 찾아 동그라미 하세요.

omce   oone   onci   once

once   ocme   ombe   obme

B 단어를 따라 써 보세요.

once   once   once   once

C 철자를 연결해서 단어를 만드세요.

a x n p e
s o y c q

D 철자를 순서대로 나열하세요.

e n o c

E 문장을 듣고 빈칸을 채워보세요. 🔊 107

I saw a turtle _____.

I saw an ostrich _____.

I saw a polar bear _____.

I was a zookeeper a long time ago.

Story Words   turtle 거북이   ostrich 타조   zookeeper 동물원 사육사   a long time ago 오래 전에

열다
open

A 단어를 찾아 동그라미 하세요.

open	old	ask
know	going	open
take	thank	again
could	open	know

B 단어를 칸에 맞게 써 보세요.

o		
	e	

	p	

C 단어를 찾아 동그라미 하세요.

c q r o p e n m k

D 철자를 순서대로 나열하세요.

n	e	o	p

E 문장을 듣고 빈칸을 채워보세요. 🔊108

Tomorrow is Christmas.

I see some gifts under the tree.

Can I ▢ them now?

You should wait to ▢ them tomorrow.

I see, Mom. I'll ▢ them tomorrow.

Story Words   under 아래   wait 기다리다   tomorrow 내일

Unit 55

over
put

WORD 01 🔊))109

~위로

over

A 알맞은 철자로 된 단어를 찾아 동그라미 하세요.

aver over oover ever

ower oxer over iver

B 단어를 따라 써 보세요.

over over over over

C 철자를 연결해서 단어를 만드세요.

w o n e r
a b v m d

D 철자를 순서대로 나열하세요.

o r v e

E 문장을 듣고 빈칸을 채워보세요. 🔊))109

A balloon flew away in the wind.

The balloon went ⬜ the house.

⬜ the house, up and up.

⬜ the clouds, up and up.

I cannot see the balloon anymore.

 Story Words   balloon 풍선   flew away 날아갔다(fly 의 과거)   in the wind 바람을 타고

132 • 가장 쉬운 초등 필수 사이트 워드

넣다,
두다

put

A 단어를 찾아 동그라미 하세요.

round	put	stop
by	could	once
stop	round	put
put	again	by

B 단어를 칸에 맞게 써 보세요.

p		

		u

		t

C 단어를 찾아 동그라미 하세요.

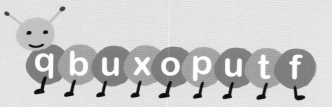

q b u x o p u t f

D 철자를 순서대로 나열하세요.

u	t	p

E 문장을 듣고 빈칸을 채워보세요. 🔊 110

I ☐ the books in my bag.

I ☐ my phone in my bag.

I ☐ my pencil case in my bag.

I must hurry.

I don't want to miss my school bus.

Story Words　　pencil case 필통　　hurry 서두르다　　miss 놓치다

WORD 01 🔊 111

둥근

round

A 알맞은 철자로 된 단어를 찾아 동그라미 하세요.

sount	roun	rount	round
rond	round	rroun	rrant

B 단어를 따라 써 보세요.

round round round round

C 철자를 연결해서 단어를 만드세요.

r o y z c

s q u n d

D 철자를 순서대로 나열하세요.

d	n	u	o	r

E 문장을 듣고 빈칸을 채워보세요. 🔊 111

Mom cooked a pancake with a ▢
pan.

I prepared the ▢ plate.

The round plate was on the ▢ table.

What a yummy pancake!

 Story Words   prepared 준비했다   plate 접시   yummy 맛있는

약간의
some

A 단어를 찾아 동그라미 하세요.

some	again	how
him	some	her
once	from	some
old	as	ask

B 단어를 칸에 맞게 써 보세요.

s		
	m	

	o	

C 단어를 찾아 동그라미 하세요.

d j u s o m e x u

D 철자를 순서대로 나열하세요.

e	m	s	o

E 문장을 듣고 빈칸을 채워보세요. 🔊112

I want to make a cake.

I need to buy [   ] milk.

I need to buy [   ] flour and eggs.

Do you want to go with me?

Story Words   make a cake 케이크를 만들다   need 필요하다   flour 밀가루

Unit 57

WORD 01 🔊 113

멈추다

stop

A 알맞은 철자로 된 단어를 찾아 동그라미 하세요.

stop	sttop	ssop	soop
sktop	stop	stoep	stpp

B 단어를 따라 써 보세요.

stop   stop   stop   stop

C 철자를 연결해서 단어를 만드세요.

s   g   o   b   l
d   t   y   p   r

D 철자를 순서대로 나열하세요.

s	t	p	o

E 문장을 듣고 빈칸을 채워보세요. 🔊 113

You must [ ] eating.

Lunchtime is over.

You must [ ] talking.

The class will start.

You must leave now. Come on!

Story Words   lunchtime 점심시간   be over 끝나다   talk 이야기하다   leave 떠나다

가지고 가다

take

A 단어를 찾아 동그라미 하세요.

take	put	by
has	how	take
an	take	going
may	old	give

B 단어를 칸에 맞게 써 보세요.

t			
		k	

	a		

C 단어를 찾아 동그라미 하세요.

d g a t a k e p b

D 철자를 순서대로 나열하세요.

a	k	t	e

E 문장을 듣고 빈칸을 채워보세요. ◀)) 114

What are you doing this weekend?

I am going to ⬚ **a trip.**

I am gong to ⬚ **my new camera.**

I am going to ⬚ **a picture.**

Do you want to go with me?

take a trip 여행하다   take a picture 사진을 찍다

thank
them

WORD 01 ◀))) 115

A 알맞은 철자로 된 단어를 찾아 동그라미 하세요.

감사하다

thank

| thinb | thnk | thank | thnnk |
| thank | thiink | thakk | thekk |

B 단어를 따라 써 보세요.

thank   thank   thank   thank

C 철자를 연결해서 단어를 만드세요.

t h w h p
d g a n k

D 철자를 순서대로 나열하세요.

| k | a | t | h | n |
| | | | | |

E 문장을 듣고 빈칸을 채워보세요. ◀))) 115

[____] you, thank you.

[____] you for the gift.

[____] you for the card.

I won't forget it.

Story Words   gift 선물   won't ~않을 것이다(will not의 축약형)   forget 잊다

WORD 02 ◀)) 116

그들을

them

A 단어를 찾아 동그라미 하세요.

an	how	from
once	them	ask
an	and	them
when	them	walk

B 단어를 칸에 맞게 써 보세요.

t		
	e	

	h	

C 단어를 찾아 동그라미 하세요.

s q a t h e m n g

D 철자를 순서대로 나열하세요.

m	e	h	t

E 문장을 듣고 빈칸을 채워보세요. ◀)) 116

I love my parents.

I spend a lot of time with ☐ .

I eat food with ☐ .

I watch movies with ☐ .

I go to the park with ☐ .

Story Words   spend (시간을) 보내다   watch movies 영화를 보다   go to the park 공원에 가다

think
walk

WORD 01 ◀)) 117

생각하다

think

A 알맞은 철자로 된 단어를 찾아 동그라미 하세요.

thnk thinkk thnik think

think thenk ttink ttikk

B 단어를 따라 써 보세요.

think ----- think ----- think ----- think

C 철자를 연결해서 단어를 만드세요.

t h l m j

d s i n k

D 철자를 순서대로 나열하세요.

k	n	i	h	t

E 문장을 듣고 빈칸을 채워보세요. ◀)) 117

I ☐ fruits are delicious.

They are so sweet.

I ☐ fruits are good for your health.

They have a lot of vitamins.

I ☐ I will eat them every day.

 Story Words   delicious 맛있는   sweet 달콤한   vitamin 비타민

걸어가다

 **walk**

A 단어를 찾아 동그라미 하세요.

were	from	an
by	any	walk
walk	put	when
again	walk	stop

B 단어를 칸에 맞게 써 보세요.

w			

	l		

	a		

C 단어를 찾아 동그라미 하세요.

 u a l o w a l k x

D 철자를 순서대로 나열하세요.

k	w	a	l

E 문장을 듣고 빈칸을 채워보세요. ◀))) 118

I like to ⬜ to school.

My mom likes to ⬜ to the mall.

My dad likes to ⬜ to work.

My family likes to ⬜ every day everywhere.

Story Words   to the mall 쇼핑몰에   work 일하다   everywhere 어디나

Unit 60

were

when

~였다

were

A 알맞은 철자로 된 단어를 찾아 동그라미 하세요.

weere   uere   werre   were

were   woor   wree   rewe

B 단어를 따라 써 보세요.

were   were   were   were

C 철자를 연결해서 단어를 만드세요.

w   e   y   e   k

v   s   r   j   d

D 철자를 순서대로 나열하세요.

w	r	e	e

E 문장을 듣고 빈칸을 채워보세요. 🔊 119

If you ⬚ an animal, what would you be?

If I ⬚ a bird, I would sing a song.

If I ⬚ a cheetah, I would run fast.

If I ⬚ a dolphin, I would swim in the sea.

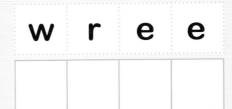

 Story Words   if+주어+were 만일 ~라면   would ~ 것이다   cheetah 치타   dolphin 돌고래

~할 때

when

A 단어를 찾아 동그라미 하세요.

were	when	as
from	her	just
as	every	when
walk	when	as

B 단어를 칸에 맞게 써 보세요.

w		
	e	

	h	

C 단어를 찾아 동그라미 하세요.

p b h e n w h e n

D 철자를 순서대로 나열하세요.

n	h	w	e

E 문장을 듣고 빈칸을 채워보세요. ◀))) 120

	I am happy, I can't stop smiling.
	I am scared, I hug my mom.
	I am sad, I don't say a word.
	I am alone, I play with my dog.

Story Words — scared 무서운   hug 껴안다   alone 혼자

A 그림과 알맞은 사이트 워드를 연결한 다음 써 보세요.

①

②

③

④

⑤

⑥

보기 round thank think walk put open

B 한글 뜻에 알맞은 사이트 워드를 써 보세요.

❶ 살다

❷ ~해도 된다

❸ ~위로

❹ 약간의

❺ ~였다

❻ ~할 때

❼ 그들은

❽ 멈추다

C 사이트 워드를 다음 문장에서 찾아 동그라미 하세요.

| were |
| of |
| may |
| once |
| over |
| take |

❶ May I have your pencil?

❷ I am proud of him.

❸ I saw a turtle once.

❹ Over the house, up and up.

❺ I am going to take a picture there.

❻ If I were a dolphin, I would swim in the water.

D 보기에서 알맞은 사이트 워드를 찾아 문장을 완성하세요.

> 보기   them   old   live   when   some   stop

❶ Bats _____ in dark caves.
박쥐는 어두운 동굴에 살아요.

❷ How _____ is your brother?
너의 오빠는 몇 살이야?

❸ I am going to buy _____ milk.
우유를 살 예정이에요.

❹ You must _____ talking.
그만 얘기를 멈춰야 해.

❺ I spend a lot of time with _____.
나는 그들과 더 많은 시간을 보내요.

❻ _____ I am scared, I hug my mom.
나는 무서울 때, 엄마를 껴안아요.

How to Teach Sight Words 01

사이트 워드 단어 카드를 활용한 게임을 통해

재미있게 단어를 배우는 몇 가지 방법을 알아볼까요?

1 Sight Word Bean Bag Toss
사이트 워드 빈백 던지기

일명 오재미 또는 오자미라고 알려진 콩주머니와 사이트 워드 단어 카드를 준비합니다. 단어카드를 바닥에 펼쳐 놓습니다. 엄마나 선생님이 단어카드 중에 한 단어를 말하면 아이는 콩주머니를 알맞은 단어카드 위에 던져서 맞추면 됩니다. 팀으로 나눠서 한다면 순서를 정해서 던지고, 정해진 시간 안에 먼저 높은 점수를 내는 팀이 이깁니다.

2 Sight Word Railroad Trail
사이트 워드 기찻길 놀이

사이트 워드 카드를 바닥에 펼쳐 놓되 기찻길처럼 만들어 놓습니다. 아이들은 사이트 워드 카드를 하나씩 밟으며 전진할 때 마다 단어를 읽고 뜻을 말하면 됩니다. 먼저 결승선에 도달하면 이기게 됩니다.

3 Sight word Tic-tac-toe
사이트 워드 틱택토

카드놀이를 할 때처럼 사이트 워드 카드를 쌓아놓고 순서를 정해 하나씩 뒤집으며 그 단어를 읽습니다. 단어를 맞게 읽으면 틱택토 종이나 보드에 O표나 X표를 그립니다. 먼저 틱택토 종이에 가로, 세로, 대각선으로 직선이 연결되는 사람이 이기게 됩니다.

LEVEL 04
Sight Words

always	around	because	before
best	both	buy	call
cold	don't	fast	first
five	found	gave	green
made	many	off	or
pull	read	right	sing
sit	sleep	tell	their
these	those	upon	us
use	very	wash	which
why	wish	work	would
write	your		

Unit 61

always

around

WORD 01 🔊 121

항상

always

A 알맞은 철자로 된 단어를 찾아 동그라미 하세요.

alwayis always arways elways

always elwais arewys alwaye

B 단어를 따라 써 보세요.

always   always   always

C 철자를 연결해서 단어를 만드세요.

a l e y y s

e k w a s h

D 철자를 순서대로 나열하세요.

a w l y s a

E 문장을 듣고 빈칸을 채워보세요. 🔊 121

My dog is ☐ hungry.
My dog ☐ licks me.
My dog ☐ makes me happy.
I love my dog the best.

사방에
around

A 단어를 찾아 동그라미 하세요.

around	because	call
green	read	these
upon	around	buy
don't	around	fast

B 단어를 칸에 맞게 써 보세요.

a					

		o			

	r				

C 단어를 찾아 동그라미 하세요.

godaround

D 철자를 순서대로 나열하세요.

r	o	n	u	a	d

E 문장을 듣고 빈칸을 채워보세요. ◀))122

The red dragonfly goes [   ].

The blue dragonfly goes [   ].

All dragonflies go [   ] and

[   ] and around.

Story Words

dragonfly 잠자리   go around 돌아다니다   all 모든

Unit 62

because before

WORD 01 🔊 123

~때문에

because

A 알맞은 철자로 된 단어를 찾아 동그라미 하세요.

bacause because becauce decause

decauce beceuse because dicause

B 단어를 따라 써 보세요.

because because because

C 철자를 연결해서 단어를 만드세요.

b a c u c u e
d e k a u s i

D 철자를 순서대로 나열하세요.

b c u a e s e

E 문장을 듣고 빈칸을 채워보세요. 🔊 123

I like winter ⬜ there is Christmas.

I like summer ⬜ I like the sea.

I like spring ⬜ I like flowers.

What season do you like the most?

 Story Words   winter 겨울   summer 여름   spring 봄   season 계절

~전에

before

A 단어를 찾아 동그라미 하세요.

best	before	right
read	sit	before
us	wash	these
before	five	gave

B 단어를 칸에 맞게 써 보세요.

b

f

e

C 단어를 찾아 동그라미 하세요.

beforemst

D 철자를 순서대로 나열하세요.

f	e	b	r	e	o

E 문장을 듣고 빈칸을 채워보세요. ◀)) 124

Brush your teeth

[   ] **you wash your face.**

Wash your hands

[   ] **you eat breakfast.**

Wait your turn

[   ] **you play games!**

Story Words ～ brush 닦다   teeth 이빨(tooth의 복수형)   breakfast 아침식사   turn 차례

Unit 63

best
both

WORD 01 🔊 125

최고의/
가장

best

A 알맞은 철자로 된 단어를 찾아 동그라미 하세요.

vest　　best　　bext　　bess

vost　　bost　　best　　besi

B 단어를 따라 써 보세요.

best　　best　　best　　best

C 철자를 연결해서 단어를 만드세요.

d　e　s　t

b　c　x　l

D 철자를 순서대로 나열하세요.

e　s　b　t

E 문장을 듣고 빈칸을 채워보세요. 🔊 125

I have the ⬜ teacher.
I'm in the ⬜ class.
I always do my ⬜ at school.
I love my school.

Story Words　　teacher 선생　　do my best 최선을 다하다

둘 다

both

A 단어를 찾아 동그라미 하세요.

many	before	off
both	pull	use
wash	both	because
found	green	both

B 단어를 칸에 맞게 써 보세요.

b		
	t	

	o	

C 단어를 찾아 동그라미 하세요.

o f s e p b o t h

D 철자를 순서대로 나열하세요.

t	b	o	h

E 문장을 듣고 빈칸을 채워보세요. ◀)) 126

We are twins.

Here are books for [ ] of us.

Here are dresses for [ ] of us.

Here are cakes for [ ] of us.

Story Words   twins 쌍둥이   dress 원피스   cake 케이크

Unit 64

buy
call

WORD 01 🔊 127

사다

buy

A 알맞은 철자로 된 단어를 찾아 동그라미 하세요.

buy	bey	bui	bai
duy	day	buy	bue

B 단어를 따라 써 보세요.

buy   buy   buy   buy

C 철자를 연결해서 단어를 만드세요.

d b e y
f r u y

D 철자를 순서대로 나열하세요.

u y b

E 문장을 듣고 빈칸을 채워보세요. 🔊 127

Please ☐ me a toy.
Please ☐ me some candies.
Please ☐ me an ice cream.
Please! Please! Mom!

Story Words   toy 장난감   candy 사탕

WORD 02 🔊 128

부르다

call

A 단어를 찾아 동그라미 하세요.

five	sleep	why
call	cold	call
green	or	best
always	call	around

B 단어를 칸에 맞게 써 보세요.

c			
		l	

	a		

C 단어를 찾아 동그라미 하세요.

n o h r l c a l l

D 철자를 순서대로 나열하세요.

l	c	a	l

E 문장을 듣고 빈칸을 채워보세요. 🔊 128

My mom [   ]s me babe.

My dad [   ]s me princess.

My brothers [   ] me Jen.

I have many nicknames.

Story Words   babe 아기   princess 공주님   nickname 별명

Unit 65

 cold

 don't

WORD 01 ◀)) 129

추운 cold

A 알맞은 철자로 된 단어를 찾아 동그라미 하세요.

| cold | coel | cald | cild |
| kold | cord | cold | codd |

B 단어를 따라 써 보세요.

cold   cold   cold   cold

C 철자를 연결해서 단어를 만드세요.

c　e　o　d
b　o　l　b

D 철자를 순서대로 나열하세요.

o	c	l	d

E 문장을 듣고 빈칸을 채워보세요. ◀)) 129

Polar bears live in the ☐.
Polar bears eat in the ☐.
Polar bears play in the ☐.
Polar bears swim in the ☐!

 Story Words　　polar bear 북극곰　　live 살다　　swim 수영하다

~ 아니다/
않다

don't

A 단어를 찾아 동그라미 하세요.

read	don't	would
pull	work	your
first	don't	cold
don't	best	before

B 단어를 칸에 맞게 써 보세요.

d				

o				

		n		

C 단어를 찾아 동그라미 하세요.

p e d o n ' t s f

D 철자를 순서대로 나열하세요.

d	n	o	'	t

E 문장을 듣고 빈칸을 채워보세요. ◀))) 130

I [____] have arms.

I [____] have hands.

I [____] have legs.

I crawl and have sharp teeth.

What am I? A snake!

Story Words   arm 팔   hand 손   leg 다리   crawl 기어다니다   sharp 날카로운

Unit 66

fast
first

WORD 01 🔊 131

빨리

fast

A 알맞은 철자로 된 단어를 찾아 동그라미 하세요.

fase fast past fest

fisd fasd fast rest

B 단어를 따라 써 보세요.

fast   fast   fast   fast

C 철자를 연결해서 단어를 만드세요.

f e s d

p a h t

D 철자를 순서대로 나열하세요.

t	s	f	a

E 문장을 듣고 빈칸을 채워보세요. 🔊 131

A rocket goes 　　　　.
A plane goes 　　　　.
A train goes 　　　　.
They go 　　　　 and far.

Story Words　　rocket 로켓　　plane 비행기　　train 기차　　far 멀리

첫 번째

first

A 단어를 찾아 동그라미 하세요.

off	fast	first
gave	don't	first
right	first	sing
many	green	pull

B 단어를 칸에 맞게 써 보세요.

f		
	r	

	i	

C 단어를 찾아 동그라미 하세요.

f i r s t t l r s

D 철자를 순서대로 나열하세요.

i	r	s	f	t

E 문장을 듣고 빈칸을 채워보세요. ◀))) 132

[____] socks, then shoes.

[____] dinner, then dessert.

[____] homework, then TV.

Don't forget the rules.

Story Words   dinner 저녁   dessert 후식   forget 잊어버리다   rule 규칙

five
found

WORD 01 🔊 133

다섯

five

A 알맞은 철자로 된 단어를 찾아 동그라미 하세요.

| fise | fibe | pife | five |

| five | pive | fove | feve |

B 단어를 따라 써 보세요.

five   five   five   five

C 철자를 연결해서 단어를 만드세요.

p   i   k   h

f   e   v   e

D 철자를 순서대로 나열하세요.

f	i	e	v

E 문장을 듣고 빈칸을 채워보세요. 🔊 133

☐ little monkeys jumping on the bed

☐ little ducks skipping on the chair

☐ little rabbits hopping on the table

Be careful not to fall down.

Story Words   rabbit 토끼   skip 깡충깡충 뛰다   fall down 떨어지다

발견했다

found

A 단어를 찾아 동그라미 하세요.

found	buy	fast
five	first	found
sleep	tell	cold
both	found	read

B 단어를 칸에 맞게 써 보세요.

f			
	u		

	o		

C 단어를 찾아 동그라미 하세요.

c d o u f o u n d

D 철자를 순서대로 나열하세요.

d	u	n	f	o

E 문장을 듣고 빈칸을 채워보세요. ◀))134

This is the "Lost and ⬜⬜⬜ " box.

I ⬜⬜⬜ my bag.

Sam ⬜⬜⬜ his pencil.

Judy ⬜⬜⬜ her kitten. Good!

Story Words   Lost and Found box 분실물 상자   pencil 연필   kitten 새끼 고양이

Unit 68

gave
green

WORD 01 🔊 135 🔘

주었다

gave

A 알맞은 철자로 된 단어를 찾아 동그라미 하세요.

give   gave   giva   gavi

kave   givi   gave   geve

B 단어를 따라 써 보세요.

gave   gave   gave   gave

C 철자를 연결해서 단어를 만드세요.

g i w e
k a v a

D 철자를 순서대로 나열하세요.

g v a e

E 문장을 듣고 빈칸을 채워보세요. 🔊 135

Mom ☐ me a coin.
Dad ☐ me a dollar bill.
I put them both in my piggy bank.
Thank you, Mom and Dad!

Story Words   coin 동전   bill 지폐   piggy bank 돼지 저금통

초록

green

A 단어를 찾아 동그라미 하세요.

gave	these	green
made	their	use
green	very	gave
call	first	green

B 단어를 칸에 맞게 써 보세요.

g				
		e		

		r		

C 단어를 찾아 동그라미 하세요.

f o d g r e e n s

D 철자를 순서대로 나열하세요.

r	e	n	e	g

E 문장을 듣고 빈칸을 채워보세요. ◀))) 136

The grass is _____.

The _____ grasshopper is jumping.

The caterpillar is _____.

The _____ caterpillar is eating

a _____ leaf.

Story Words grass 잔디   grasshopper 메뚜기   caterpillar 애벌레   leaf 나뭇잎

Unit 69

made
many

WORD 01 🔊 137

만들었다 **made**

A 알맞은 철자로 된 단어를 찾아 동그라미 하세요.

make mabe made meda

mede made meek mida

B 단어를 따라 써 보세요.

made made made made

C 철자를 연결해서 단어를 만드세요.

n a k y

m o d e

D 철자를 순서대로 나열하세요.

a d e m

E 문장을 듣고 빈칸을 채워보세요. 🔊 137

First, I ⬜ the dough.
Second, I ⬜ it flat on the mat.
Then, I ⬜ the donuts.
I ate them all! Yummy!

 Story Words   dough 반죽   flat 평평하게   on the mat 매트 위에   yummy 맛있는

(수가) 많은 **many**

A 단어를 찾아 동그라미 하세요.

fast	made	many
much	sit	tell
wash	many	because
many	gave	off

B 단어를 칸에 맞게 써 보세요.

m				
	n			

a				

C 단어를 찾아 동그라미 하세요.

t e s m a n y w h

D 철자를 순서대로 나열하세요.

m	y	n	a

E 문장을 듣고 빈칸을 채워보세요. 🔊)) 138

Can you count how [ ] bottles?
Can you count how [ ] erasers?
Can you count how [ ] rulers?
Count one, two, three, four, five
together!

Story Words

count 세다   bottle 병   eraser 지우개   ruler 자

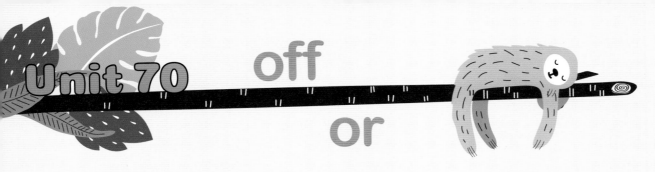

Unit 70

WORD 01 🔊 139

떨어져/멀리

off

A 알맞은 철자로 된 단어를 찾아 동그라미 하세요.

of	ovf	eff	off
ove	ofv	aoff	off

B 단어를 따라 써 보세요.

off   off   off   off

C 철자를 연결해서 단어를 만드세요.

e v f s

o o b f

D 철자를 순서대로 나열하세요.

f	o	f

E 문장을 듣고 빈칸을 채워보세요. 🔊 139

Take ⬚ your scarf.

Take ⬚ your boots.

Take ⬚ your gloves.

Winter has gone!

It's spring!

 Story Words   take off 벗다   scarf 목도리   boots 부츠   gloves 장갑   has gone 가버리다

또는

or

A 단어를 찾아 동그라미 하세요.

or	off	sit
us	long	never
or	cut	or
gave	made	read

B 단어를 칸에 맞게 써 보세요.

o	

	r

C 단어를 찾아 동그라미 하세요.

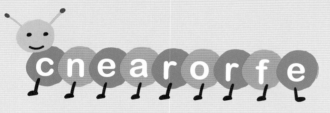

c n e a r o r f e

D 철자를 순서대로 나열하세요.

r	o

E 문장을 듣고 빈칸을 채워보세요. ◀)) 140

Do you want juice ☐ milk?

Do you want pizza ☐ a hotdog?

Do you want apples ☐ pears?

I want everything!

How about you?

Story Words

want 원하다   pear 배   how about~? ~이 어떠니?

Part 4 · 167

Unit 71

pull

read

당기다

pull

A 알맞은 철자로 된 단어를 찾아 동그라미 하세요.

| full | purl | pull | pall |

| pell | pull | purr | fulr |

B 단어를 따라 써 보세요.

pull   pull   pull   pull

C 철자를 연결해서 단어를 만드세요.

p i l k

b u r l

D 철자를 순서대로 나열하세요.

l	p	l	u

E 문장을 듣고 빈칸을 채워보세요. 🔊 141

You can ☐ a heavy cart.
You can ☐ a big dog.
You can ☐ a big sled.
How strong you are!

 Story Words   heavy cart 무거운 수레   sled 썰매   strong 힘이 센

WORD 02 ◀)) 142

읽다

read

A 단어를 찾아 동그라미 하세요.

read	those	which
work	write	right
read	sing	pull
buy	read	cold

B 단어를 칸에 맞게 써 보세요.

r			

		a	

	e	

C 단어를 찾아 동그라미 하세요.

D 철자를 순서대로 나열하세요.

r	a	e	d

E 문장을 듣고 빈칸을 채워보세요. ◀)) 142

I like to [   ] scary stories.

Jenny likes to [   ] funny stories.

Tom likes to [   ] animal stories.

We all like to [   ].

 Story Words   scary 무서운   story 이야기

Review 07

A 그림과 알맞은 사이트 워드를 연결한 다음 써 보세요.

①	②	③
④	⑤	⑥

보기   pull   read   green   cold   first   fast

B 한글 뜻에 알맞은 사이트 워드를 써 보세요.

❶ ~전에

❷ 항상

❸ 둘 다

❹ (수가) 많은

❺ 또는

❻ 사다

❼ 다섯

❽ 주웠다

C 사이트 워드를 다음 문장에서 찾아 동그라미 하세요.

because don't made or off gave	❶ Take off your scarf. ❷ First, I made the dough. ❸ Do you want pizza or a hotdog? ❹ I like summer because I like the sea. ❺ Dad gave me a dollar bill. ❻ I don't have arms.

D 보기에서 알맞은 사이트 워드를 찾아 문장을 완성하세요.

보기 around   many   best   found   pull   five

❶ I have the _____ teacher.
나는 최고의 선생님이 있어요.

❷ Sam _____ his pencil.
샘이 연필을 발견했어요.

❸ The red dragonfly goes _____.
빨간 잠자리가 여기저기 날아 다녀요.

❹ You can _____ a big sled.
당신은 큰 썰매를 끌 수 있어요.

❺ Can you count how _____ bottles?
병이 몇 병인지 셀 수 있나요?

❻ _____ little ducks skipping on the chair
다섯 마리의 오리가 의자 위에서 뛰고 있어요.

Unit 72

right

sing

WORD 01 ◀))) 143

오른쪽

right

A 알맞은 철자로 된 단어를 찾아 동그라미 하세요.

light	rite	right	riht
right	liget	liht	lihgt

B 단어를 따라 써 보세요.

right   right   right   right

C 철자를 연결해서 단어를 만드세요.

i o g h p
r i k g t

D 철자를 순서대로 나열하세요.

g	r	h	t	i

E 문장을 듣고 빈칸을 채워보세요. ◀))) 143

You put your [____] hand in.
You put your [____] hand out.
You put your [____] foot in.
You put your [____] foot out!
And turn around!

Story Words   right hand 오른손   right foot 오른발   turn around 돌다

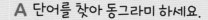

노래하다

sing

A 단어를 찾아 동그라미 하세요.

would	read	write
sing	sing	sit
sleep	tell	their
use	us	sing

B 단어를 칸에 맞게 써 보세요.

S		

	n	

	i	

C 단어를 찾아 동그라미 하세요.

s a n g s i n g s

D 철자를 순서대로 나열하세요.

i	n	g	s

E 문장을 듣고 빈칸을 채워보세요. 144

Can you hear the parrot [   ]?

Hear the parrot [   ].

I want to [   ] like the parrot.

Let's [   ] together.

Story Words   hear 듣다   parrot 앵무새

Unit 73 sit sleep

WORD 01 🔊 145

앉다

sit

A 알맞은 철자로 된 단어를 찾아 동그라미 하세요.

sat	set	sit	sid
sit	cet	cit	sis

B 단어를 따라 써 보세요.

sit   sit   sit   sit

C 철자를 연결해서 단어를 만드세요.

s a t k
c i d n

D 철자를 순서대로 나열하세요.

t s i

E 문장을 듣고 빈칸을 채워보세요. 🔊 145

Let's ☐ by the river.
Let's ☐ with our friends.
Let's ☐ on the mat.
It's picnic time. It will be fun!

자다

sleep

A 단어를 찾아 동그라미 하세요.

sit	sing	sleep
us	use	wish
or	sleep	these
sleep	right	very

B 단어를 칸에 맞게 써 보세요.

s			
		e	

	l		

C 단어를 찾아 동그라미 하세요.

s l s l e e p e a

D 철자를 순서대로 나열하세요.

p	e	s	l	e

E 문장을 듣고 빈칸을 채워보세요. 🔊146

Butterflies [   ] at night.

I [   ] at night, too.

Owls don't [   ] at night.

That's because they hunt at night.

Story Words   at night 밤에   owl 부엉이   hunt 사냥하다

Unit 74

tell
their

말하다

tell

A 알맞은 철자로 된 단어를 찾아 동그라미 하세요.

| tell | tall | terl | talr |
| tell | tore | torl | tori |

B 단어를 따라 써 보세요.

tell   tell   tell   tell

C 철자를 연결해서 단어를 만드세요.

s a l t
t e i l

D 철자를 순서대로 나열하세요.

| e | t | l | l |
| | | | |

E 문장을 듣고 빈칸을 채워보세요. 🔊 147

I can ⬚ an interesting story.

I can ⬚ a wonderful story.

Do you want to hear my stories?

Can you ⬚ me your story?

 interesting 재미있는   wonderful 멋진

WORD 02 ◀))148

그들의

their

A 단어를 찾아 동그라미 하세요.

these	those	tell
their	read	sing
their	found	upon
us	which	their

B 단어를 칸에 맞게 써 보세요.

t				
			e	

	h			

C 단어를 찾아 동그라미 하세요.

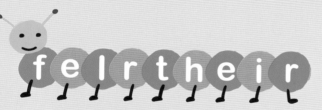

f e l r t h e i r

D 철자를 순서대로 나열하세요.

i	e	r	h	t

E 문장을 듣고 빈칸을 채워보세요. ◀))148

They play with ☐ toys.

They eat ☐ lunch together.

They sleep in ☐ beds together.

They are best friends.

Story Words

toy 장난감   bed 침대   best friends 가장 친한 친구들

Unit 75

these

those

WORD 01 🔊 149

이것들 **these**

A 알맞은 철자로 된 단어를 찾아 동그라미 하세요.

thorse	hearse	these	thoxe
thoise	these	tese	thase

B 단어를 따라 써 보세요.

these these these these

C 철자를 연결해서 단어를 만드세요.

h a e e z

t h a s e

D 철자를 순서대로 나열하세요.

e h t s e

E 문장을 듣고 빈칸을 채워보세요. 🔊 149

Look at [   ] colorful flowers.

Look at [   ] beautiful butterflies.

Look at [   ] tall trees.

I love to go to the park.

저것들

those

A 단어를 찾아 동그라미 하세요.

these	right	those
wash	would	your
first	those	why
tell	those	sleep

B 단어를 칸에 맞게 써 보세요.

t			
	o		

	h		

C 단어를 찾아 동그라미 하세요.

t e s e t h o s e

D 철자를 순서대로 나열하세요.

e	s	t	o	h

E 문장을 듣고 빈칸을 채워보세요. ◀))) 150

These hats are mine.

[_____] **hats are yours.**

These glasses are mine.

[_____] **glasses are yours.**

Story Words   mine 나의 것   yours 너의 것   glasses 안경

Unit 76

upon
us

WORD 01 🔊 151

~위에

A 알맞은 철자로 된 단어를 찾아 동그라미 하세요.

ufon	ufun	upan	upon
epon	apon	upon	upne

B 단어를 따라 써 보세요.

upon   upon   upon   upon

C 철자를 연결해서 단어를 만드세요.

u v k n

e p o m

D 철자를 순서대로 나열하세요.

p u o n

E 문장을 듣고 빈칸을 채워보세요. 🔊 151

Once ⬜ a time, there was
a princess.

Once ⬜ a time, there was a prince.

Once ⬜ a time, there was a witch.
I love old fairy tales.

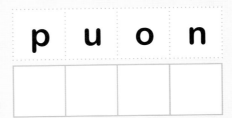

우리를

us

A 단어를 찾아 동그라미 하세요.

use	upon	us
very	work	green
tell	us	us
work	wish	your

B 단어를 칸에 맞게 써 보세요.

u	

	s

C 단어를 찾아 동그라미 하세요.

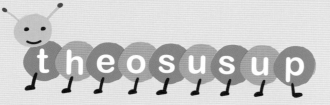

t h e o s u s u p

D 철자를 순서대로 나열하세요.

s	u

E 문장을 듣고 빈칸을 채워보세요. 🔊 152

Do you want to play with ⬜?

Do you want to eat with ⬜?

Do you want to study with ⬜?

Let's make friends.

Story Words   study 공부하다   make friends 친구가 되다

Unit 77

use

very

WORD 01 🔊 153

사용하다

use

A 알맞은 철자로 된 단어를 찾아 동그라미 하세요.

| us | use | usa | uss |
| use | aus | ose | oss |

B 단어를 따라 써 보세요.

use　　use　　use　　use

C 철자를 연결해서 단어를 만드세요.

u　k　e　o

a　s　s　e

D 철자를 순서대로 나열하세요.

s　u　e

E 문장을 듣고 빈칸을 채워보세요. 🔊 153

We are going on a camping trip.

My dad can ☐ a rope.

My mom can ☐ a map.

I can ☐ a flashlight.

I am so excited!

 Story Words　go on a camping trip 캠핑 여행을 가다　rope 밧줄　flashlight 전등

매우
very

A 단어를 찾아 동그라미 하세요.

wash	wish	very
many	pull	their
why	very	these
use	wash	very

B 단어를 칸에 맞게 써 보세요.

v		
	r	

	e	

C 단어를 찾아 동그라미 하세요.

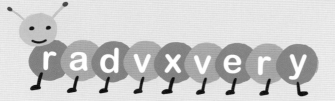

r a d v x v e r y

D 철자를 순서대로 나열하세요.

e	r	v	y

E 문장을 듣고 빈칸을 채워보세요. ◄》) 154

The giraffe was ⬚ tall.
The hippo was ⬚ fat.
The rabbit was ⬚ fast.
I saw all of them at the zoo today!

Story Words   hippo 하마   saw 보았다(see의 과거형)   all of them 그들 모두   at the zoo 동물원에서

wash
which

WORD 01 🔊 155

A 알맞은 철자로 된 단어를 찾아 동그라미 하세요.

씻다

wash

wax	wash	wesh	wach

whis	wish	wash	wass

B 단어를 따라 써 보세요.

wash　wash　wash　wash

C 철자를 연결해서 단어를 만드세요.

x　a　h　s

w　e　s　h

D 철자를 순서대로 나열하세요.

s	w	h	a

E 문장을 듣고 빈칸을 채워보세요. 🔊 155

☐ your hands after playing.

☐ your face after waking up.

☐ your feet before sleeping.

What a good boy!

Story Words

after ~후에　wake up 일어나다　before sleeping 자기 전에

어느/
어느 것

which

A 단어를 찾아 동그라미 하세요.

always	because	why
which	where	wash
would	work	use
which	us	which

B 단어를 칸에 맞게 써 보세요.

w					

			h		

		i			

C 단어를 찾아 동그라미 하세요.

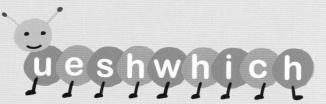

D 철자를 순서대로 나열하세요.

h	w	i	c	h

E 문장을 듣고 빈칸을 채워보세요. ◀)) 156

[_____] color do you like?
Black or white?

[_____] way do you go?
Right or left?

[_____] food do you like?
Bread or rice?

Story Words   way 방향   right 오른쪽   left 왼쪽   bread 빵   rice 쌀

Unit 79

why
wish

왜

why

A 알맞은 철자로 된 단어를 찾아 동그라미 하세요.

| whai | why | whe | what |

| wee | whi | why | whis |

B 단어를 따라 써 보세요.

why   why   why   why

C 철자를 연결해서 단어를 만드세요.

| w | w | h | e |

| s | y | o | y |

D 철자를 순서대로 나열하세요.

| h | y | w |

| | | |

E 문장을 듣고 빈칸을 채워보세요. 🔊 157

Do you know ☐ babies cry?
Do you know ☐ moths like lights?
Do you know ☐ mom loves you?
I want to know all about why.

 Story Words   cry 울다   moth 나방   light 빛   all about ~에 관한 모든 것

바라다

wish

A 단어를 찾아 동그라미 하세요.

wash	which	write
wish	your	work
would	wish	sleep
sing	sit	wish

B 단어를 칸에 맞게 써 보세요.

w		
	s	

	i	

C 단어를 찾아 동그라미 하세요.

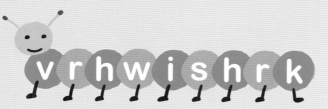

v r h w i s h r k

D 철자를 순서대로 나열하세요.

i	s	h	w

E 문장을 듣고 빈칸을 채워보세요. 📢)) 158

We [   ] you a merry Christmas.
We [   ] you a happy vacation.
Make a [   ].
It will come true.

Story Words   vacation 방학, 휴가   make a wish 소원을 빌다   come true (꿈이) 실현되다

 work

would

WORD 01 🔊 159

일하다

work

A 알맞은 철자로 된 단어를 찾아 동그라미 하세요.

werk worc work wark

work wore sork pork

B 단어를 따라 써 보세요.

work   work   work   work

C 철자를 연결해서 단어를 만드세요.

s   o   p   k

w   a   r   h

D 철자를 순서대로 나열하세요.

o   w   r   k

E 문장을 듣고 빈칸을 채워보세요. 🔊 159

Bees ⬜ hard.
Ants ⬜ hard.
They ⬜ every day.
They ⬜ seven days a week.

Story Words   work hard 열심히 일하다   seven days a week 일주일에 칠일

~하고 싶다

would

A 단어를 찾아 동그라미 하세요.

found	which	would
work	green	gave
don't	would	upon
wish	right	would

B 단어를 칸에 맞게 써 보세요.

w			
	u		

	o		

C 단어를 찾아 동그라미 하세요.

g w o r w o u l d

D 철자를 순서대로 나열하세요.

d	l	w	u	o

E 문장을 듣고 빈칸을 채워보세요. ◀))) 160

I [   ] like to go on a vacation.

I [   ] like to swim in the sea.

I [   ] like to gather shells.

[   ] you go with me?

Story Words   go on a vacation 휴가가다   gather shells 조개를 줍다

write your

WORD 01 ◀))) 161

쓰다

write

A 알맞은 철자로 된 단어를 찾아 동그라미 하세요.

worte	writa	write	wlrit
wourd	wreta	wreta	write

B 단어를 따라 써 보세요.

write write write write

C 철자를 연결해서 단어를 만드세요.

w r o t e

s l i d u

D 철자를 순서대로 나열하세요.

r i t e w

E 문장을 듣고 빈칸을 채워보세요. ◀))) 161

It's Parents' Day.

☐ a card to your mom!

☐ a card to your dad!

☐ a Thank-You card to your

mom and dad.

Story Words

Parent's Day 어버이날   Thank-You card 감사카드

너의

your

A 단어를 찾아 동그라미 하세요.

your	or	first
because	pull	sing
or	upon	your
work	tell	your

B 단어를 칸에 맞게 써 보세요.

y		
		u

	o	

C 단어를 찾아 동그라미 하세요.

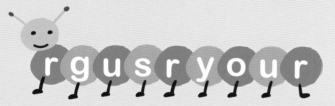

r g u s r y o u r

D 철자를 순서대로 나열하세요.

o	u	y	r

E 문장을 듣고 빈칸을 채워보세요. ◀))) 162

Welcome to school!

Here is ⬜ desk.

Here is ⬜ chair.

Here are ⬜ books.

Nice to meet you, friend!

Story Words welcome 환영하다 desk 책상 Nice to meet you. 만나서 반가워.

A 그림과 알맞은 사이트 워드를 연결한 다음 써 보세요.

①

②

③

④

⑤

⑥

보기 sit write right sleep sing wish

B 한글 뜻에 알맞은 사이트 워드를 써 보세요.

❶ 이것들

❷ 일하다

❸ 너의

❹ 말하다

❺ 우리를

❻ 매우

❼ 씻다

❽ 어느/
어느 것

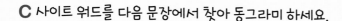

C 사이트 워드를 다음 문장에서 찾아 동그라미 하세요.

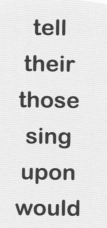

tell
their
those
sing
upon
would

❶ I want to sing like the parrot.

❷ They play with their toys.

❸ Once upon a time, there was a witch.

❹ I can tell a sad story.

❺ I would like to swim in the sea.

❻ Those gloves are yours.

D 보기에서 알맞은 사이트 워드를 찾아 문장을 완성하세요.

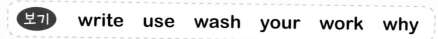

보기   write   use   wash   your   work   why

❶ _____ a card to your mom!
엄마에게 카드를 써 보세요!

❷ They _____ seven days a week.
그들은 일주일에 칠일을 일해요.

❸ Here is _____ desk.
여기 네 책상이 있어요.

❹ Do you know _____ babies cry?
왜 아기들은 울까요?

❺ _____ your hands after playing.
놀고 나면 손을 씻어라.

❻ My mom can _____ a map.
엄마는 지도를 사용할 줄 안다.

How to Teach Sight Words 02

사이트 워드 단어 카드를 활용한 게임을 통해
재미있게 단어를 배우는 몇 가지 방법을 알아볼까요?

1 Find the Sight Word Coin
사이트 워드 동전 찾기

종이컵 바닥에 사이트 워드를 써 놓거나 포스트-잇에 써서
종이컵에 붙입니다. 컵 중의 하나에 동전 등을 넣어 거꾸로
놓습니다. 아이들은 동전을 컵에 넣는 동안 눈을 감고 있어야
합니다. 동전을 넣고 나면 아이들은 단어를 말한 컵을 뒤집을
수 있습니다. 그렇게 컵을 뒤집으면서 동전이 어디 있는지 찾
아냅니다. 가장 먼저 동전을 찾아낸 사람이 이기게 됩니다.

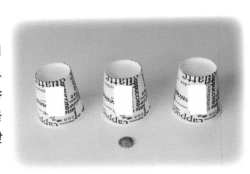

2 Sight words Scramble
사이트 워드 스크램블

워드 스크램블 블록이나 알파벳 자석 세트 여러 개를 펼쳐 놓
습니다. 사이트 워드 카드를 하나씩 보여주면서 알파벳 블록
이나 자석으로 본 단어를 똑같이 만들어 봅니다. 그리고 뜻이
무엇인지 말해봅니다. 아이가 익숙해지면, 카드를 보여주는
대신 읽어주면서 철자를 연습하게 합니다.

3 Sight words Mini book
사이트 워드 미니북

단어를 배우고 나면 아이들이 나만의 미니북을 만들어 봅니
다. 문장을 쓰고 그림을 그린 다음 목표 사이트 워드에 형광
펜으로 밑줄을 그어보게 합니다.

PART 5

LEVEL 05
Sight Words

about	better	bring	carry
clean	cut	draw	drink
eight	fall	far	full
grow	hold	hot	hurt
if	keep	kind	laugh
light	long	much	myself
never	only	own	pick
seven	show	six	small
start	ten	today	together
try	warm		

about
better

WORD 01 🔊 163

~에 관한

about

A 알맞은 철자로 된 단어를 찾아 동그라미 하세요.

adout	about	abeut	ebout
aboud	aboul	edoud	about

B 단어를 따라 써 보세요.

about   about   about   about

C 철자를 연결해서 단어를 만드세요.

e   d   o   u   t

a   b   u   e   d

D 철자를 순서대로 나열하세요.

b   o   u   a   t

E 문장을 듣고 빈칸을 채워보세요. 🔊 163

What's the book [   ]?

This is a book [   ] cars!

This is a book [   ] bugs!

This is a book [   ] dinosaurs!

bug 벌레   dinosaur 공룡

더 나은
better

A 단어를 찾아 동그라미 하세요.

better	before	because
green	read	right
better	their	drink
hold	eight	better

B 단어를 칸에 맞게 써 보세요.

b			
	t		

	e		

C 단어를 찾아 동그라미 하세요.

detbetter

D 철자를 순서대로 나열하세요.

t	t	b	e	r	e

E 문장을 듣고 빈칸을 채워보세요. ◀))164

I like tigers ☐ than lions.

I like cherries ☐ than pears.

I like blue ☐ than pink.

But I like my dad the most.

Story Words   better than ~보다 더 좋아하는   tiger 호랑이   lion 사자   pear 배

Unit 83

bring carry

WORD 01 🔊》165

가져오다

bring

A 알맞은 철자로 된 단어를 찾아 동그라미 하세요.

brang	brung	breng	bling
bring	bring	dring	dreng

B 단어를 따라 써 보세요.

bring bring bring bring

C 철자를 연결해서 단어를 만드세요.

b a i m k

d r e n g

D 철자를 순서대로 나열하세요.

r	b	n	g	i

E 문장을 듣고 빈칸을 채워보세요. 🔊》165

Could you [　　] me pizza?

Could you [　　] me a Coke?

Could you [　　] me pickles?

No, you should [　　] your own.

Story Words Coke 콜라 pickles 피클 your own 너의 것

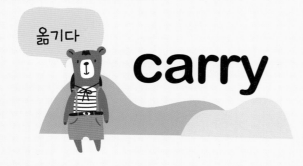

옮기다 **carry**

A 단어를 찾아 동그라미 하세요.

cold	call	carry
green	five	always
off	carry	bring
carry	clean	hold

B 단어를 칸에 맞게 써 보세요.

c			
	r		

a			

C 단어를 찾아 동그라미 하세요.

g r a r c a r r y

D 철자를 순서대로 나열하세요.

r	y	r	a	c

E 문장을 듣고 빈칸을 채워보세요. 🔊 166

I can ☐ this big box.

I can ☐ this big table.

I can ☐ this big suitcase.

I can ☐ the world for you.

Story Words table 탁자   suitcase 여행용 가방   world 세상

Unit 84

clean
cut

청소하다

clean

A 알맞은 철자로 된 단어를 찾아 동그라미 하세요.

klean	clain	clean	crean
creen	clean	kleen	cleam

B 단어를 따라 써 보세요.

clean   clean   clean   clean

C 철자를 연결해서 단어를 만드세요.

c a e e m

j l i a n

D 철자를 순서대로 나열하세요.

e a c l n

E 문장을 듣고 빈칸을 채워보세요. ◀)) 167

When I [　　　] up,
I sing the clean-up song!

Clean up! [　　　] up!

Come on and [　　　] up together.

It's fun to [　　　] up.

Story Words   clean up 깨끗이 청소하다   come on 자! 화이팅!

자르다

cut

A 단어를 찾아 동그라미 하세요.

cold	cut	call
us	use	wash
cut	best	cut
hurt	if	keep

B 단어를 칸에 맞게 써 보세요.

c		
		t

	u	

C 단어를 찾아 동그라미 하세요.

D 철자를 순서대로 나열하세요.

u	c	t

E 문장을 듣고 빈칸을 채워보세요. ◀)) 168

First, ☐ the lettuce.

And then ☐ the tomatoes.

Finally, ☐ the onions and add some dressing.

This is how to make a salad.

Story Words lettuce 양상추   onion 양파   add 첨가하다   how to make 만드는 방법

Unit 85

draw
drink

A 알맞은 철자로 된 단어를 찾아 동그라미 하세요.

그리다

draw

| draw | draq | drew | brew |
| braw | praw | krew | draw |

B 단어를 따라 써 보세요.

draw   draw   draw   draw

C 철자를 연결해서 단어를 만드세요.

d r a e
b o k w

D 철자를 순서대로 나열하세요.

d	r	w	a

E 문장을 듣고 빈칸을 채워보세요. 🔊 169

Please [   ] my dog, Josh.

Please [   ] him playing with
a ball.

Please [   ] him running.
Wow! You are good at drawing.

 Story Words   run 달리다   be good at ~을 잘하다

마실 것/
마시다

drink

A 단어를 찾아 동그라미 하세요.

don't	drink	gave
made	right	upon
drink	around	cut
draw	drink	carry

B 단어를 칸에 맞게 써 보세요.

d			
	i		

r			

C 단어를 찾아 동그라미 하세요.

m e d r i n k g t

D 철자를 순서대로 나열하세요.

d	n	i	k	r

E 문장을 듣고 빈칸을 채워보세요. 🔊 170

What kind of ⬚ do you like?

I like to ⬚ lemonade.

What kind of ⬚ does your mom like?

She likes to ⬚ iced tea.

Story Words   kind 종류   lemonade 레모네이드   iced tea 아이스티

Unit 86

eight
fall

WORD 01 🔊 171

여덟

eight

A 알맞은 철자로 된 단어를 찾아 동그라미 하세요.

| aight | eight | aight | eight |

| laight | raigh | eight | ighta |

B 단어를 따라 써 보세요.

eight eight eight eight

C 철자를 연결해서 단어를 만드세요.

e i h g d

a e g h t

D 철자를 순서대로 나열하세요.

h	t	e	i	g

E 문장을 듣고 빈칸을 채워보세요. 🔊 171

My favorite number is _____.

I am _____ years old.

I have _____ friends.

I have _____ turtles.

Story Words   favorite number 가장 좋아하는 숫자   turtle 거북이

WORD 02 ◀))172

가을 **fall**

A 단어를 찾아 동그라미 하세요.

fall	fast	five
first	sing	fall
those	fall	sit
better	about	if

B 단어를 칸에 맞게 써 보세요.

f		
	l	

	a	

C 단어를 찾아 동그라미 하세요.

v e f a l l a l l

D 철자를 순서대로 나열하세요.

a	l	f	l

E 문장을 듣고 빈칸을 채워보세요. ◀))172

My favorite season is ☐.

We can go apple picking in ☐.

There are colorful leaves in ☐.

It is not too hot and not too cold.

Unit 87

far

full

WORD 01 🔊))) 173

멀리

far

A 알맞은 철자로 된 단어를 찾아 동그라미 하세요.

first	far	five	found
full	read	pull	far

B 단어를 따라 써 보세요.

far   far   far   far

C 철자를 연결해서 단어를 만드세요.

o   u   r   l
f   a   l   l

D 철자를 순서대로 나열하세요.

a	f	r

E 문장을 듣고 빈칸을 채워보세요. 🔊))) 173

How [＿＿] is it?

Is it too [＿＿] to walk?

Is it too [＿＿] to ride a bike?

No, it is not too [＿＿].

 **Story Words**   how far 얼마나 멀리   ride a bike 자전거를 타다

가득 찬

full

A 단어를 찾아 동그라미 하세요.

pull	full	tell
their	those	fast
cold	both	grow
full	kind	full

B 단어를 칸에 맞게 써 보세요.

f

l

u

C 단어를 찾아 동그라미 하세요.

o f u l l a p l l

D 철자를 순서대로 나열하세요.

u	l	f	l

E 문장을 듣고 빈칸을 채워보세요. ◀)) 174

I love melons the most.

◻ of water,

◻ of sweetness.

◻ of joy whenever I eat them.

Story Words   melon 멜론   sweetness 달콤함   joy 기쁨   whenever ~할 때 마다

grow
hold

WORD 01 🔊 175

자라다

grow

A 알맞은 철자로 된 단어를 찾아 동그라미 하세요.

| glow | grew | gorw | grow |
| krow | grow | grou | greo |

B 단어를 따라 써 보세요.

grow　　grow　　grow　　grow

C 철자를 연결해서 단어를 만드세요.

j　r　o　e
g　l　p　w

D 철자를 순서대로 나열하세요.

w　o　r　g

E 문장을 듣고 빈칸을 채워보세요. 🔊 175

I planted a little seed.

When will it 　　　 ?

　　　 in the sun, 　　　 in the rain!

　　　 , grow my little one!

Story Words　　planted 심었다　　seed 씨앗　　little 작은

잡다

hold

A 단어를 찾아 동그라미 하세요.

cold	hold	best
made	read	sleep
hold	upon	eight
hot	full	hold

B 단어를 칸에 맞게 써 보세요.

h		
	l	

	o	

C 단어를 찾아 동그라미 하세요.

l c l d h o l d e

D 철자를 순서대로 나열하세요.

l	d	o	h

E 문장을 듣고 빈칸을 채워보세요. 🔊176

We are on the bus.

▢ the handles.

▢ your mom's hands.

▢ your bag tight.

Be careful!

~Story Words~ handle 손잡이   tight 꽉, 세게

Unit 89

hot
hurt

뜨거운

hot

A 알맞은 철자로 된 단어를 찾아 동그라미 하세요.

hut	hat	hat	hot
put	fut	hot	het

B 단어를 따라 써 보세요.

hot   hot   hot   hot

C 철자를 연결해서 단어를 만드세요.

h u t t
p o d e

D 철자를 순서대로 나열하세요.

h t o

E 문장을 듣고 빈칸을 채워보세요. 🔊 177

The weather is ☐ .
But the cocoa is ☐ too.
I don't want to drink ☐ cocoa.
But you gave me a ☐ drink.

Story Words   weather 날씨   cocoa 코코아   drink 음료

다치다

hurt

A 단어를 찾아 동그라미 하세요.

hurt	both	buy
off	read	their
hurt	use	fall
far	hurt	bring

B 단어를 칸에 맞게 써 보세요.

h		
	r	

u		

C 단어를 찾아 동그라미 하세요.

g a h e h u r t d

D 철자를 순서대로 나열하세요.

u	r	h	t

E 문장을 듣고 빈칸을 채워보세요. ◀))178

I fell off my kickboard.

I [＿＿＿] my knees.

I [＿＿＿] my hands.

I [＿＿＿] my elbows.

Mom put bandages on my injuries.

Story Words   fell off ~에서 떨어졌다   knee 무릎   elbow 팔꿈치   injury 상처

Unit 90

if

keep

WORD 01 🔊 179

만약에

if

A 알맞은 철자로 된 단어를 찾아 동그라미 하세요.

if	iv	af	av
of	iff	if	ifv

B 단어를 따라 써 보세요.

if   if   if   if

C 철자를 연결해서 단어를 만드세요.

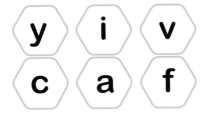

y i v
c a f

D 철자를 순서대로 나열하세요.

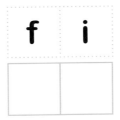

f	i

E 문장을 듣고 빈칸을 채워보세요. 🔊 179

Go to the park ☐ you want to run.
Go to the library ☐ you want to read.
Go to the restaurant ☐ you want to eat.
☐ I want to play, where should I go?

유지하다 **keep**

A 단어를 찾아 동그라미 하세요.

read	sleep	keep
buy	laugh	pull
tell	keep	draw
full	keep	far

B 단어를 칸에 맞게 써 보세요.

k		
	e	

	e	

C 단어를 찾아 동그라미 하세요.

g h o f k e e p e

D 철자를 순서대로 나열하세요.

e	e	k	p

E 문장을 듣고 빈칸을 채워보세요. 🔊 180

Can I ☐ this little puppy?

Can I ☐ this little kitten?

Can I ☐ this little turtle?

Can I ☐ a pet?

I want to have pets.

Story Words   puppy 새끼강아지   pet 애완동물

kind

laugh

WORD 01 🔊 181

친절한

kind

A 알맞은 철자로 된 단어를 찾아 동그라미 하세요.

ckind	cind	kint	kind
kind	kend	kent	gind

B 단어를 따라 써 보세요.

kind   kind   kind   kind

C 철자를 연결해서 단어를 만드세요.

k e n d
c i m t

D 철자를 순서대로 나열하세요.

d k n i

E 문장을 듣고 빈칸을 채워보세요. 🔊 181

My teacher is so ⬜.

She always says,

"Be ⬜ and nice to each other."

I want to be a ⬜ teacher like her.

Story Words   each other 서로   like ~처럼, 같이

웃다 laugh

A 단어를 찾아 동그라미 하세요.

which	work	because
laugh	around	laugh
green	or	hold
grow	laugh	hot

B 단어를 칸에 맞게 써 보세요.

l		
	u	

	a	

C 단어를 찾아 동그라미 하세요.

e g l r l a u g h

D 철자를 순서대로 나열하세요.

a	u	h	g	l

E 문장을 듣고 빈칸을 채워보세요. 🔊182

I made a seal _____.

I made an ostrich _____.

I made a camel _____.

I made my baby sister _____!

Story Words seal 물개   ostrich 타조   camel 낙타

Review 09

A 그림과 알맞은 사이트 워드를 연결한 다음 써 보세요.

①

②

③

④

⑤

⑥

보기 cut   drink   hot   eight   draw   laugh

B 한글 뜻에 알맞은 사이트 워드를 써 보세요.

❶ 친절한

❷ ~에 관한

❸ 청소하다

❹ 가을

❺ 멀리

❻ 더 나은

❼ 만약에

❽ 가져오다

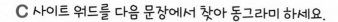

C 사이트 워드를 다음 문장에서 찾아 동그라미 하세요.

far
grow
about
better
cut
hold

❶ How far is it?

❷ When will it grow?

❸ I like blue better than pink.

❹ This is a book about bugs.

❺ Hold your mom's hands.

❻ First, cut the lettuce.

D 보기에서 알맞은 사이트 워드를 찾아 문장을 완성하세요.

보기   keep   hurt   hot   laugh   kind   if

❶ The cocoa is ____ too.
코코아도 뜨겁네요.

❷ Go to the park ____ you want to run.
달리고 싶다면 공원에 가라.

❸ I ____ my knees.
내 무릎을 다쳤어요.

❹ Can I ____ this little puppy?
내가 이 작은 새끼 강아지를 키워도 될까요?

❺ I made a camel ____ .
나는 낙타를 웃게 만들었다.

❻ Be ____ and nice to each other.
서로에게 친절하고 좋게 대하라.

Unit 92

light

long

WORD 01 🔊 183

빛/등불

 *(panda)*

light

A 알맞은 철자로 된 단어를 찾아 동그라미 하세요.

laght	right	leght	light
loght	riglt	riggt	light

B 단어를 따라 써 보세요.

light   light   light   light

C 철자를 연결해서 단어를 만드세요.

l e g h l
r i k o t

D 철자를 순서대로 나열하세요.

g	h	l	t	i

E 문장을 듣고 빈칸을 채워보세요. 🔊 183

Turn on the ☐.
The room is so dark.

Turn off the ☐ when you go out.
We should save energy!

 Story Words   turn on (불을) 켜다   turn off (불을) 끄다   dark 어두운   save 아끼다

긴 **long**

A 단어를 찾아 동그라미 하세요.

light	long	right
sing	their	us
long	before	long
seven	only	pick

B 단어를 칸에 맞게 써 보세요.

l		
	n	

	o	

C 단어를 찾아 동그라미 하세요.

r o n g l o n g e

D 철자를 순서대로 나열하세요.

o	l	n	g

E 문장을 듣고 빈칸을 채워보세요. 🔊 184

The giraffe has a ☐ neck.

The spider has ☐ legs.

The inchworm has a ☐ body.

I have ☐ hair.

Story Words   giraffe 기린   spider 거미   inchworm 자벌레

Unit 93

much myself

WORD 01 🔊 185

(양이) 많은

much

A 알맞은 철자로 된 단어를 찾아 동그라미 하세요.

nush	nuch	much	muhs
mush	muss	mucj	much

B 단어를 따라 써 보세요.

much much much much

C 철자를 연결해서 단어를 만드세요.

m u k h

w o c e

D 철자를 순서대로 나열하세요.

u m h c

E 문장을 듣고 빈칸을 채워보세요. 🔊 185

Too ☐ air, the balloon will pop!

Too ☐ cake, you will be full.

Too many games,

you will fail the test.

Not too ☐ !

 Story Words   air 공기   pop 터지다   fail the test 시험에 떨어지다

나 자신
myself

A 단어를 찾아 동그라미 하세요.

made	myself	off
upon	many	five
myself	cold	six
start	myself	small

B 단어를 칸에 맞게 써 보세요.

m			

	s		

y			

C 단어를 찾아 동그라미 하세요.

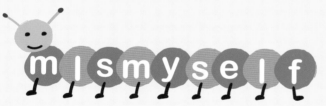

m l s m y s e l f

D 철자를 순서대로 나열하세요.

y	m	s	e	f	l

E 문장을 듣고 빈칸을 채워보세요. 🔊 186

I cooked a piece of toast by ☐.

I made a necklace by ☐.

I made a doll by ☐.

What can I make for you?

Story Words   a piece of toast 토스트 한 조각   by myself 혼자서   necklace 목걸이

Unit 94

never

only

절대 ~않다

never

A 알맞은 철자로 된 단어를 찾아 동그라미 하세요.

never	naver	navar	maver
never	saver	miver	nivir

B 단어를 따라 써 보세요.

never never never never

C 철자를 연결해서 단어를 만드세요.

m a y e r
n e v o k

D 철자를 순서대로 나열하세요.

e v n e r

E 문장을 듣고 빈칸을 채워보세요. 🔊 187

Ostriches ☐ fly.

Penguins ☐ fly.

They have wings but ☐ fly.

They are birds but ☐ fly.

Story Words   ostrich 타조   penguin 펭귄   wing 날개

유일한/
~만의

only

A 단어를 찾아 동그라미 하세요.

or	only	sit
use	both	call
buy	only	try
ten	warm	only

B 단어를 칸에 맞게 써 보세요.

o		
		l

	n	

C 단어를 찾아 동그라미 하세요.

p o n y o n l y w

D 철자를 순서대로 나열하세요.

n	l	o	y

E 문장을 듣고 빈칸을 채워보세요. ◀)) 188

[   ] you can make me happy.

[   ] you can make this world beautiful.

[   ] you are the joy of my life.

You are my [   ] baby!

Story Words   joy of my life 내 삶의 기쁨

Unit 95

own
pick

WORD 01 ◀))189

자신의,
나만의

own

A 알맞은 철자로 된 단어를 찾아 동그라미 하세요.

oown   oww   own   ewn

wnn   own   iwn   ywm

B 단어를 따라 써 보세요.

own   own   own   own

C 철자를 연결해서 단어를 만드세요.

a   o   v   f
h   p   w   n

D 철자를 순서대로 나열하세요.

w	o	n

E 문장을 듣고 빈칸을 채워보세요. ◀))189

My family moved into a new house.

I have my ☐ room.

I have my ☐ desk.

I have my ☐ bookshelf.

Everything looks wonderful.

Story
Words

move 이사가다   bookshelf 책장   wonderful 아주 멋진

따다

pick

A 단어를 찾아 동그라미 하세요.

about	pick	far
far	keep	much
try	and	pick
pick	carry	eight

B 단어를 칸에 맞게 써 보세요.

p		
	c	

	i	

C 단어를 찾아 동그라미 하세요.

s b i c g p i c k

D 철자를 순서대로 나열하세요.

k	c	p	i

E 문장을 듣고 빈칸을 채워보세요. ◀)) 190

An apple tree had many apples.

A hungry crow ☐ ed some apples.

A hungry pig ☐ ed some apples.

A hungry fox ☐ ed some apples.

Then the tree had no apples.

Story Words   hungry 배고픈   crow 까마귀   fox 여우

Unit 96

seven
show

WORD 01 🔊 191

일곱

seven

A 알맞은 철자로 된 단어를 찾아 동그라미 하세요.

seeven	seven	sevn	seevn
seven	svvn	ssen	geven

B 단어를 따라 써 보세요.

seven   seven   seven   seven

C 철자를 연결해서 단어를 만드세요.

s   f   v   o   n

g   e   j   e   m

D 철자를 순서대로 나열하세요.

v	e	s	e	n

E 문장을 듣고 빈칸을 채워보세요. 🔊 191

A rainbow has ☐ colors.

There are ☐ days in a week.

☐ is a lucky number.

☐ is my favorite number.

Story Words   rainbow 무지개   lucky 행운의

쇼/보여주다

show

if	show	try
try	warm	show
warm	fall	if
show	fell	today

B 단어를 칸에 맞게 써 보세요.

S		
	o	

	h	

C 단어를 찾아 동그라미 하세요.

s h e u s h o w p

D 철자를 순서대로 나열하세요.

w	o	s	h

E 문장을 듣고 빈칸을 채워보세요. 🔊192

I have two tickets for the ▢.

The ▢ is called Miracle.

The ▢ is fantastic.

Will you come with me?

I bet you will like the ▢.

Story Words   be called ~불리다   fantastic 환상적인   I bet 분명 ~일 거야

Unit 97

 six

small

WORD 01 ◀》) 193

여섯

six

A 알맞은 철자로 된 단어를 찾아 동그라미 하세요.

ssix	sux	six	siix
six	ssux	sixi	sixe

B 단어를 따라 써 보세요.

six   six   six   six

C 철자를 연결해서 단어를 만드세요.

s   i   q   r
b   w   x   l

D 철자를 순서대로 나열하세요.

x	s	i

E 문장을 듣고 빈칸을 채워보세요. ◀》) 193

There are ☐ members in my family.

There are ☐ beds at my house.

There are ☐ chairs in the living room.

There are ☐ bowls in the kitchen.

But mine is the smallest of them.

Story Words   member 구성원   living room 거실   mine 나의 것   the smallest 가장 작은

작은

small

A 단어를 찾아 동그라미 하세요.

shall	carry	done
long	small	small
only	shall	cut
small	done	carry

B 단어를 칸에 맞게 써 보세요.

s		
	a	

m	

C 단어를 찾아 동그라미 하세요.

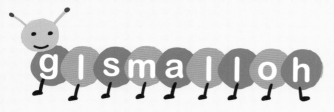

g l s m a l l o h

D 철자를 순서대로 나열하세요.

a	m	l	l	s

E 문장을 듣고 빈칸을 채워보세요. 🔊))194

This is my hamster, Teddy.

He is very ☐ .

He lives in a ☐ cage.

He has a ☐ wheel.

I will buy a ☐ carrot for him.

Story Words   cage 우리   wheel 바퀴   carrot 당근

Unit 98

start
ten

WORD 01 🔊 195

시작하다

start

A 알맞은 철자로 된 단어를 찾아 동그라미 하세요.

stat	sttat	sturt	stert
sturt	start	soart	start

B 단어를 따라 써 보세요.

start start start start

C 철자를 연결해서 단어를 만드세요.

x t k r d
s e a g t

D 철자를 순서대로 나열하세요.

a t s t r

E 문장을 듣고 빈칸을 채워보세요. 🔊 195

The sky is cloudy and dark.

It will ☐ to thunder.

It will ☐ to rain.

I should go home in a hurry.

Story Words cloudy 흐린 thunder 천둥 in a hurry 서둘러서

열

ten

A 단어를 찾아 동그라미 하세요.

ten	clean	only
grow	hot	pick
fell	fall	ten
ten	grow	draw

B 단어를 칸에 맞게 써 보세요.

t	
	n

	e

C 단어를 찾아 동그라미 하세요.

s t e n p m q z x

D 철자를 순서대로 나열하세요.

n	t	e

E 문장을 듣고 빈칸을 채워보세요. 🔊 196

[   ] squirrels live in the tree.

[   ] squirrels are climbing up the tree.

[   ] squirrels are eating nuts.

[   ] squirrels are sleeping now.

 **Story Words**　squirrel 다람쥐　live in ~에 살다　climb up ~에 올라가다　nut 너트, 견과

today

together

WORD 01 🔊)) 197

오늘

today

A 알맞은 철자로 된 단어를 찾아 동그라미 하세요.

today	tooday	todey	totay
tooay	today	totey	togay

B 단어를 따라 써 보세요.

today   today   today   today

C 철자를 연결해서 단어를 만드세요.

t o u a y
d s d w x

D 철자를 순서대로 나열하세요.

y a d t o

E 문장을 듣고 빈칸을 채워보세요. 🔊)) 197

[   ] is the first day of school.

[   ] will be fun.

[   ] will be exciting.

I can't wait to go to school.

Story Words   the first day 첫날

함께 **together**

A 단어를 찾아 동그라미 하세요.

together	eight	hurt
warm	own	together
myself	together	eight
try	bring	by

B 단어를 칸에 맞게 써 보세요.

t		e		
	g			

o				

C 단어를 찾아 동그라미 하세요.

v t o g e t h e r

D 철자를 순서대로 나열하세요.

r	e	h	t	g	o	t	e

E 문장을 듣고 빈칸을 채워보세요. 🔊 198

Let's go to school _____.

Let's play instruments _____.

Let's have some snacks _____.

Doing things _____ is very fun.

Story Words   play instruments 악기를 연주하다   have some snacks 간식을 먹다

try

warm

WORD 01 🔊》199

해보다

try

A 알맞은 철자로 된 단어를 찾아 동그라미 하세요.

| tri | trry | try | tryy |
| try | tiy | tir | tyr |

B 단어를 따라 써 보세요.

try　　　try　　　try　　　try

C 철자를 연결해서 단어를 만드세요.

t　　r　　e　　x

d　　o　　y　　a

D 철자를 순서대로 나열하세요.

t	y	r

E 문장을 듣고 빈칸을 채워보세요. 🔊》199

Do you want something exciting?

How about [　　]ing paragliding?

How about [　　]ing bungee jumping?

How about [　　]ing skydiving?

It will make you excited.

 **Story Words**　　paraglide 패러글라이딩하다　　bungee jump 번지 점프하다　　skydive 스카이다이빙하다

WORD 02 🔊))200

따뜻한 **warm**

A 단어를 찾아 동그라미 하세요.

warm	draw	own
cut	warm	if
draw	only	warm
one	own	try

B 단어를 칸에 맞게 써 보세요.

w		
	r	

	a	

C 단어를 찾아 동그라미 하세요.

w b q s o w a r m

D 철자를 순서대로 나열하세요.

a	m	r	w

E 문장을 듣고 빈칸을 채워보세요. 🔊))200

You'd better drink a ⬚ drink.
You'd better wear a ⬚ jacket.
You'd better take a ⬚ blanket.
It's so cold today.

Unit 92~100

Review 10

A 그림과 알맞은 사이트 워드를 연결한 다음 써 보세요.

❶

❷

❸

❹

❺

❻

보기 light small pick show seven long

B 한글 뜻에 알맞은 사이트 워드를 써 보세요.

❶ 긴

❷ 유일한

❸ 절대 ~않다

❹ 일곱

❺ 오늘

❻ 함께

❼ ~해보다

❽ 따뜻한

C 사이트 워드를 다음 문장에서 찾아 동그라미 하세요.

try	❶ I cooked a toast by myself.
never	❷ How about trying paragliding?
only	❸ Penguins never fly.
six	❹ Only you can make me happy.
today	❺ There are six beds at my house.
myself	❻ Today will be exciting.

D 보기에서 알맞은 사이트 워드를 찾아 문장을 완성하세요.

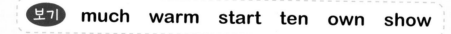

보기   much   warm   start   ten   own   show

❶ Too _____ air, the balloon will pop!
공기를 너무 많이 불면 풍선이 빵하고 터질 거야.

❷ I have my _____ room.
나는 나만의 방이 있다.

❸ The _____ is fantastic.
그 쇼는 환상적이에요.

❹ I think it will _____ to rain.
비가 올 것 같아요.

❺ _____ squirrels live in the tree.
다람쥐 10마리가 나무에 살아요.

❻ You'd better take a _____ drink.
너는 따뜻한 음료를 마시는 게 좋을 거 같아.

A 잘 듣고 사이트 워드를 영어로 쓴 다음 뜻을 써 보세요. ◀》) 201

① _____

② _____

③ _____

④ _____

⑤ _____

⑥ _____

| 보기 | big | went | under | sun | ride | see |

B 그림에 알맞은 사이트 워드를 고르세요.

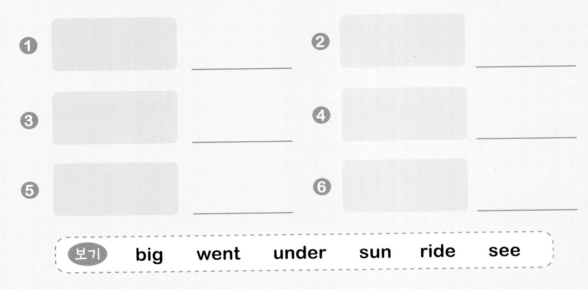

① blue / brown lemonade

② up / in the box

③ be / go to school

④ make / help a sandwich

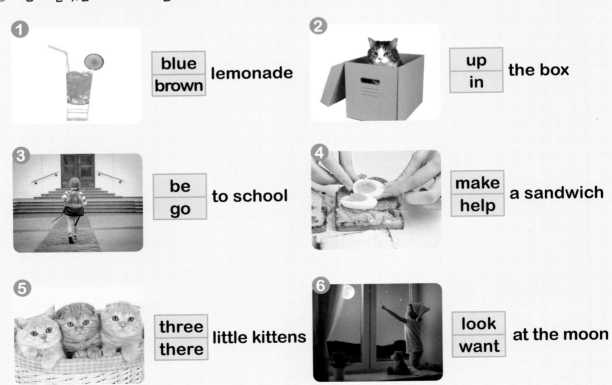

⑤ three / there little kittens

⑥ look / want at the moon

C 잘 듣고 공통으로 들어가는 사이트 워드를 쓰세요. 🔊》201

① The bird is flying ____.

The cat is running ____.

② My lips are ____.

Roses are ____.

③ We ____ in the mud.

We ____ in the water.

④ I ____ jump high.

I ____ run fast.

D 우리말을 보고 알맞은 사이트 워드를 골라 문장을 완성하세요.

① I _____ to school by bike.
(little / go / into)
나는 학교에 자전거를 타고 가요.

② Will you _____ to the park?
(yellow / come / blue)
공원에 올래?

③ I can _____ on a boat.
(down / all / jump)
나는 배 위에서 뛸 수 있어요.

④ This is _____ favorite toy.
(my / me / we)
이것은 제가 가장 좋아하는 장난감이예요.

⑤ Can you _____ the eggs?
(find / give /go)
계란을 찾을 수 있나요?

⑥ Wake _____ !
(be / bring / up)
일어나요!

Unit 50~100

Final Test 02

A 잘 듣고 사이트 워드를 영어로 쓴 다음 뜻을 써 보세요. 🔊 202

① _____

② _____

③ _____

④ _____

⑤ _____

⑥ _____

> 보기 wash   hold   today   far   sleep   long

B 그림에 알맞은 사이트 워드를 고르세요.

1
live
like
in hives

2
around
round
plate

3
green
blue
grasshopper

4
read
wash
your face

5
clean
wake
up

6
grow
pick
some apples

C 잘 듣고 공통으로 들어가는 사이트 워드를 쓰세요. ◀))202

1

I am proud ____ him.

I took a photo ____ my dog.

2

I am going to buy ____ milk.

I am going to buy ____ flour.

3

Could you ____ me a pizza?

You should ____ your own.

4

Is it too ____ to walk?

No, it is not too ____.

D 우리말을 보고 알맞은 사이트 워드를 골라 문장을 완성하세요.

1 They have wings but _____ fly.　　그들은 날개가 있지만 절대 날 수 없어요.
(not/never/only)

2 A rainbow has _____ colors.　　무지개는 일곱 색깔이예요.
(six/seven/eight)

3 Let's play instruments _____.　　악기를 같이 연주하자.
(together/once/today)

4 When will it _____?　　그것은 언제 자랄까요?.
(plant/grow/green)

5 I can _____ this big table.　　나는 큰 탁자를 옮길 수 있어요.
(bring/ go / carry)

6 Make a _____!　　소원을 빌어라!
(wish/wash/find)

Sight Words Board Game

주사위를 던져 나온 숫자만큼 앞으로 가서 단어를 읽습니다. 단어를 읽어야 자신의 말을 놓을 수 있습니다. 가장 먼저 결승점에 도달한 친구가 이기게 됩니다. 단어를 다 말하고 나면 그 단어가 들어간 문장을 말해보세요. 점점 난이도를 높여서 게임을 진행해 보세요.

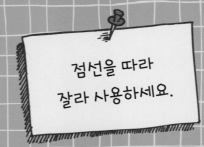

Sight Words Card

점선을 따라
잘라 사용하세요.

away	big
blue	can
come	down
find	for
funny	go

큰	떨어져/ 다른 데로
할 수 있다	파랑
아래로	오다
~위하여	찾다
가다	재미있는

help	here
in	is
jump	little
look	make
me	my

여기에	도와주다
있다/이다	~안에
적은/작은	뛰다/점프하다
만들다	보다
나의	나를

not	play
red	sun
said	see
three	to
up	we

놀다	~아니다
태양	빨강
보다	말했다
~(장소)에	셋
우리는	위로

where	yellow
all	am
are	at
ate	be
black	brown

노랑	어디에
~이다	모든
~(몇 시)에	~이다
~이다	먹었다
갈색	검은색

but	came
do	eat
four	get
good	have
he	into

왔다	하지만
먹다	하다
사다, 얻다	넷
가지다	좋은
~안으로	그는

like	must
new	no
now	on
our	out
please	pretty

~해야 한다	좋아하다
~아닌(금지)	새로운
~위에	지금
밖에	우리의
예쁜	~해주세요

ran	ride
saw	say
she	so
soon	that
there	they

타다	달렸다
말하다	봤다
매우	그녀는
저것	곧
그들은	~있다/거기에

this	too
under	want
was	well
went	what
white	who

너무	이것/이 사람
원하다	~아래
건강한, 잘	~였다
무슨, 무엇	갔다
누구	흰색

will

with

yes

after

again

any

ask

by

could

every

~와 함께

~할 것이다(의지)

~이후에

응/그래

무슨, 무엇이든

다시

~옆에

물어보다

모든

~해주다(부탁할 때)

fly	from
give	going
had	has
her	him
his	how

~출신의	날다
가는 중	주다
가지고 있다	가지고 있었다
그를	그녀의
얼마나	그의

know	let
live	may
of	old
once	open
over	put

~하게 하다	알다
~해도 된다	살다
나이든	~의/~를
열다	언젠가/한 번
두다	~위로

round

some

stop

take

thank

them

think

walk

were

when

약간의	둥근
가지고 가다	멈추다
그들을	감사하다
걸어가다	생각하다
~할 때	~였다

always	around
because	before
best	both
buy	call
cold	don't

사방에	항상
~전에	~때문에
둘다	최고의/가장
부르다	사다
~아니다/않다	추운

fast	first
five	found
gave	green
made	many
off	or

첫 번째	빨리
발견했다	다섯
초록	주었다
(수가) 많은	만들었다
또는	떨어져/멀리

pull	read
right	sing
sit	sleep
tell	their
these	those

읽다

당기다

노래하다

오른쪽

자다

앉다

그들의

말하다

저것들

이것들

upon	us
use	very
wash	which
why	wish
work	would

우리를	~위에
매우	사용하다
어느/어느 것	씻다
바라다	왜
~하고 싶다	일하다

write	**your**
about	better
bring	carry
clean	cut
draw	drink

너의	쓰다
더 나은	~에 관한
옮기다	가져오다
자르다	청소하다
마실 것/마시다	그리다

eight	fall
far	full
grow	hold
hot	hurt
if	keep

가을	여덟
가득찬	멀리
잡다	자라다
다치다	뜨거운
유지하다	만약에

kind	laugh
light	long
much	myself
never	only
own	pick

웃다	친절한
긴	빛/등불
나 자신	(양이) 많은
유일한/~만의	절대 ~않다
따다	자신의, 나만의

seven	show
six	small
start	ten
today	together
try	warm

쇼/보여주다	일곱
작은	여섯
열	시작하다
함께	오늘
따뜻한	해보다